David Michie

LE CHAT DU DALAÏ-LAMA ET L'ART DE RONRONNER

Roman

Traduit de l'anglais par Martin Coursol

BONUS
Téléchargez les premiers chapitres des tomes 1 et 3 !
(voir p. 256)

LEDUC.S
PRATIQUE

Errer est humain, ronronner est félin.
— Robert Byrne, auteur

LE CHAT DU DALAÏ-LAMA ET L'ART DE RONRONNER

Titre original anglais : *The Art of Purring*

Maquette : Patrick Leleux PAO
Traduction : Martin Coursol
Correction : Marie-Laure Deveau

La présente édition est publiée par :

29 boulevard Raspail
75007 Paris – France
ISBN : 979-10-285-0969-9

Préface de Davina Delor, auteur de *La Magie de la prière**

Tous les êtres humains et tous les animaux partagent la même aspiration au bonheur. C'est notre point commun, la marque évidente du lien qui nous unit en cette vie. Par ce fait, nous devrions tous nous entendre, mais rien n'est jamais aussi simple.

David Michie, auteur de cet ouvrage, possède la grâce connaissante du véritable sens de l'existence. À l'écoute des sensibilités de l'âme sans distinction d'appartenance, il recueille les messages d'amour et de paix soufflés par une voix de sagesse pour le moins inattendue. Ainsi devient-il le témoin invisible et présent de la relation maître-disciple entre un saint homme et son chat !

Le livre que vous tenez entre les mains est une chance inespérée de pénétrer l'intimité du plus imposant chef spiri-

---

* Éditions Leduc.s, 2017.

tuel de ces temps, Sa Sainteté le dalaï-lama. Votre intérêt ne se lassera pas de parcourir les sentiers menant du monastère de Namgyal à ce lieu plein de charme, l'Himalaya Book Café, où se mêlent joyeusement habitués et gens de passage. À chaque rencontre, une aventure et une leçon de vie. Mais le plus surprenant réside en la guidance éveillée d'un petit être aux yeux saphir et à la robe argentée, la « petite lionne des neiges », comme Sa Sainteté se plaît affectueusement à l'appeler. Consciente des privilèges qui élèvent sa condition, la malicieuse et touchante « Rinpoché » (c'est son nom de maître chat !) se prend au jeu risqué de l'invulnérabilité. De même que les illusions se perdent dans les nuages de l'ignorance, elle apprendra à profiter des expériences douloureuses pour mettre fin aux éléments perturbateurs de son esprit félin. Le judicieux pouvoir de ce livre est d'en faire profiter ses lecteurs, en ouvrant leurs yeux sur ce qui fait obstacle à la réalisation des aspirations au bonheur.

Avec une infinie subtilité, David Michie délivre ici une magistrale initiation aux principes spirituels bouddhistes de la manière la plus évidente, celle de l'expérience. D'une générosité sans détour, chaque personnage de ce livre dévoile ses sentiments, son ressenti : rien n'est caché et tout est dit. Voilà qui nous enseigne tout en nous amusant, car comme on le sait, les chats en général ne manquent pas d'humour. Tous les chemins mènent à l'âme quand, pour nous inspirer et nous aider, celui de Sa Sainteté nous donne accès à la beauté du monde intérieur qui est le nôtre. Plus qu'un cadeau, un vrai trésor !

Chers lecteurs, tout comme moi j'en suis certaine, vous éprouverez une émotion unique en parcourant ces pages, quelque chose d'intense se mettra à vibrer en vous quand votre cœur s'associera à cette déclaration : « *Doucement et avec une affection profonde, le dalaï-lama m'a prise dans ses bras et s'est tenu face à la fenêtre ouverte qui donne sur la vallée de Kangra. Je vais te révéler les véritables causes du bonheur, m'a-t-il chuchoté à l'oreille. Un message juste pour toi, et pour tous ceux avec qui tu as un lien karmique. Je me suis mise à ronronner, et bientôt mon ronronnement s'est fait entendre bruyamment, comme le son régulier et guttural d'un moteur hors-bord miniature. Oui, ma petite lionne des neiges, dit le dalaï-lama, je voudrais que tu étudies l'art du ronronnement.* » La suite de l'histoire en dévoile tout le sens.

Cet ouvrage est un acte d'amour déposé en chaque mot exprimé de manière accessible à tous. À chacun le maître qui lui convient, heureux celui qui sait le reconnaître. À n'en pas douter, en croisant le chemin du chat de Sa Sainteté, nous sommes des êtres privilégiés. Assurément, puisque nos yeux se posent ensemble sur ces lignes, sommes-nous reliés à l'intention de l'Océan de Sagesse qui souhaite notre bonheur en nous offrant les clés de la fin des souffrances.

Et lorsqu'un nouveau jour pointe ses lumières à l'arrière des contreforts himalayens, c'est toute la poésie de l'univers qui nous est révélée. Peut-être suffirait-il que l'on apprenne nous aussi à ronronner ?

Davina Delor (Ven. Gelek Drölkar),
moniale bouddhiste

Prologue

Ah, vous êtes finalement là ! Vous en avez mis du temps, si je puis dire. Car voyez-vous, cher lecteur, j'ai un message pour vous. Pas un message de tous les jours ou qui provient d'une personne ordinaire. Cela concerne en fait votre plus grand bonheur.

Il n'est vraiment pas nécessaire de vous retourner pour voir qui peut se tenir derrière vous ou, de fait, d'un côté ou de l'autre. Ce message est vraiment pour *vous.*

Ce n'est pas donné à tout le monde de pouvoir lire ces mots — seule une minorité d'êtres humains aura cette chance. Et n'allez pas croire que ce sont quelques circonstances heureuses qui vous les font lire à ce moment précis de votre vie. Seuls ceux qui ont un karma très particulier pourront découvrir ce que je m'apprête à exprimer — des lecteurs qui partagent une connexion spéciale avec moi.

Ou ne devrais-je pas plutôt dire *nous.*

Voyez-vous, je suis le chat du dalaï-lama, et le message que j'ai pour vous vient de nul autre que Sa Sainteté.

Mais comment puis-je affirmer une chose aussi absurde ? Ai-je complètement perdu la boule ? Si vous me permettez de me lover sur votre giron métaphorique, je vous expliquerai.

Il arrive un temps où presque chaque amoureux des chats fait face à un dilemme : comment dites-vous à votre compagnon félin que vous partez ? Et pas seulement pour une longue fin de semaine.

À vrai dire, la *façon* dont les humains nous annoncent leur départ est une grande source de préoccupation pour les chats. Certains d'entre nous aiment obtenir un long préavis, de sorte que nous puissions mentalement nous préparer au changement de routine. D'autres préfèrent que la nouvelle leur tombe dessus comme une pie enragée pendant la saison de nidification : avant même de pouvoir comprendre ce qui arrive, c'est déjà fait.

Fait intéressant, les membres de notre personnel semblent avoir un sens inné de la chose, et ils agissent en conséquence. Certains disent des mots doux à leur minou des semaines avant leur départ, d'autres sortent sans préavis la redoutée cage de transport du placard.

En l'occurrence, je fais partie des chats les plus chanceux, car lorsque le dalaï-lama part en voyage, la petite routine continue plus ou moins de la même façon à Namgyal. Je passe toujours une partie de la journée sur le rebord de la fenêtre du premier étage, une position avantageuse, en ce sens qu'elle permet d'assurer un maximum de surveillance pour un minimum d'effort, tout comme je passe du temps presque tous les jours dans le bureau des adjoints exécutifs de Sa Sainteté. Puis, il y a ma balade habituelle aux abords agréables de l'Himalaya Book Café, cet établissement aux charmes exquis.

Néanmoins, quand Sa Sainteté n'est pas ici, la vie n'est pas la même. Comment pourrais-je décrire ce qu'il en est d'être en présence du dalaï-lama ? Dit simplement, c'est extraordinaire. Au moment où il entre dans une pièce, chaque être est touché d'un réel bonheur par l'énergie qu'il dégage. Peu importe ce qui se passe dans votre vie, peu importe la tragédie ou le malheur auquel vous pouvez faire face, pendant le temps où vous êtes avec Sa Sainteté, vous éprouvez la sensation que, au fond, tout va bien.

Si vous n'avez jamais éprouvé cette sensation auparavant, c'est comme être éveillé à une dimension de vous-même qui a toujours été là, une dimension s'écoulant comme une rivière souterraine demeurée jusque-là invisible. Une fois reconnecté à cette source, vous éprouvez non seulement une paix profonde au cœur de votre être, mais vous pouvez également, l'espace d'un instant, avoir un aperçu de votre propre conscience — rayonnante, illimitée et empreinte d'amour.

Le dalaï-lama nous voit comme nous sommes vraiment et nous renvoie le reflet de notre nature véritable. C'est pourquoi tant de gens fondent littéralement en sa présence. J'ai vu des hommes importants, en costume sombre, pleurer parce qu'il leur avait seulement touché le bras. Les leaders des grandes religions du monde font la file pour le rencontrer, puis la refont pour le rencontrer de nouveau. J'ai vu des personnes en fauteuil roulant pleurer de joie alors que le dalaï-lama pénétrait profondément dans la foule pour leur prendre la main. Sa Sainteté nous rappelle ce que nous avons de meilleur. Y a-t-il un plus grand cadeau ?

Alors vous comprendrez, cher lecteur, que bien que je continue de jouir d'une vie de privilèges et de confort lorsque le dalaï-lama est en voyage, je préfère de loin quand il est à la maison. Sa Sainteté le sait, tout comme elle reconnaît que je suis un chat qui aime être averti d'un départ imminent. Si l'un ou l'autre de ses adjoints exécutifs — le jeune Chogyal, ce moine grassouillet qui l'aide avec les questions monastiques, ou Tenzin, le diplomate chevronné qui l'aide avec les affaires séculières — lui soumet un projet impliquant un voyage, le dalaï-lama lève les yeux et dit quelque chose comme : « Deux jours à New Delhi à la fin de la semaine prochaine. »

Ils peuvent penser qu'il confirme la visite, mais en réalité, il prononce ceci spécialement à *mon* attention.

Les jours qui précèdent un plus long périple, il me rappellera l'imminence du voyage en visualisant le nombre de dodos — c'est-à-dire de nuits — qu'il sera parti. Et la veille de son départ, il prend toujours garde à ce que nous ayons du temps de qualité seuls tous les deux. Durant ces quelques minutes, nous communions de la manière la plus profonde qui soit entre un chat et son compagnon humain.

Ce qui me ramène au message que Sa Sainteté le dalaï-lama m'a demandé de vous transmettre. Il a amené le sujet la veille de son départ pour un voyage de conférences de sept semaines aux États-Unis et en Europe — notre plus longue séparation depuis que je le connais. Alors que le crépuscule tombait sur la vallée de Kangra, il s'est reculé de son bureau, a marché jusqu'où je me reposais sur le rebord de la fenêtre, et s'est agenouillé à mes côtés.

— Je dois partir demain, ma petite lionne des neiges, dit-il en examinant profondément mes yeux bleus tandis qu'il utilisait son surnom affectueux préféré.

Ce surnom me ravit, car les Tibétains considèrent les lions des neiges comme des êtres célestes symbolisant la beauté, l'audace et la gaieté.

— Sept semaines, c'est une absence plus longue que la moyenne. Je sais que tu aimes que je sois ici, mais il y a d'autres êtres qui ont besoin de moi aussi.

Je me suis levée de là où je me reposais et, plaçant mes pattes devant moi, je me suis longuement étirée avant de bâiller sans retenue.

— Quelle belle bouche rose, fit remarquer Sa Sainteté en souriant gentiment. Je suis heureux de constater que tes dents et tes gencives sont en bon état.

En me rapprochant de lui, je lui donnai un coup de tête affectueux.

— Oh, tu me fais rire, dit-il.

Nous sommes restés là, tête contre tête, tandis qu'il faisait courir ses doigts vers le bas de mon cou.

— Je pars pendant quelque temps, mais ton bonheur ne devrait pas dépendre du fait que je sois ici. Tu peux très bien être heureuse sans moi.

Du bout des doigts, il me massa le dos de mes oreilles, exactement comme je l'aime.

— Peut-être penses-tu que ton bonheur est causé par ma présence ou la nourriture qu'on te donne en bas au café.

Sa Sainteté ne savait que trop bien pourquoi j'étais une habituée de l'Himalaya Book Café.

— Mais au cours des sept semaines qui suivent, essaie de découvrir par toi-même la véritable cause du bonheur.

Quand je reviendrai, tu pourras me dire ce que tu as trouvé.

Doucement, et avec une affection profonde, le dalaï-lama m'a prise dans ses bras et s'est tenu face à la fenêtre ouverte qui donne sur la vallée de Kangra. C'était une vue magnifique : la vallée verdoyante et sinueuse, des forêts vertes à perte de vue. Au loin, les sommets enneigés de l'Himalaya brillaient sous le soleil de fin d'après-midi. La douce brise qui s'infiltrait par la fenêtre était parfumée de pin, de rhododendron et de chêne ; l'air regorgeait d'enchantement.

— Je vais te révéler les véritables causes du bonheur, m'a-t-il chuchoté à l'oreille. Un message juste pour toi, et pour tous ceux avec qui tu as un lien karmique.

Je me suis mise à ronronner, et bientôt mon ronronnement s'est fait entendre bruyamment, comme le son régulier et guttural d'un moteur hors-bord miniature.

— Oui, ma petite lionne des neiges, dit le dalaï-lama. Je voudrais que tu étudies l'art du ronronnement.

Chapitre 1

Vous êtes-vous déjà demandé, cher lecteur, comment la décision apparemment la plus triviale pouvait parfois mener aux événements propres à changer une vie ? Vous faites ce que vous croyez être un choix quotidien et monotone, et s'ensuivent des résultats aussi dramatiques qu'imprévus.

C'est exactement ce qui s'est passé le lundi après-midi : plutôt que de rentrer directement à la maison après ma visite à l'Himalaya Book Café, j'ai emprunté le soi-disant sentier panoramique. Ce n'est pas un itinéraire que j'avais choisi très souvent, pour la simple raison qu'il n'était pas vraiment panoramique. Mais même si c'en était un, il tenait davantage de l'humble ruelle qui longe l'Himalaya Book Café et les lieux avoisinants.

Il s'agit néanmoins d'un chemin plus long pour rentrer à la maison, puisque je savais que ça me prendrait 10 minutes plutôt que les 5 minutes habituelles pour me rendre à Namgyal. Mais après avoir passé l'après-midi à dormir sur le porte-magazines du café, j'ai senti le besoin de me dégourdir les jambes.

Alors, quand j'ai atteint l'entrée principale, au lieu de tourner à droite, je me suis dirigée vers la gauche. Après être tranquillement passée devant les portes latérales du café, j'ai fait un autre virage à gauche et j'ai marché le long de l'étroite ruelle utilisée pour les poubelles : une venelle parfumée de restes de cuisine et d'arômes plus tentants les uns que les autres. J'ai passé mon chemin, quelque peu chancelante, car mes jambes de derrière sont toujours aussi faibles depuis que je suis chaton. Je fis une pause pour donner un coup de patte à un intrigant objet brun et argenté qui était logé sous la porte arrière du café, seulement pour découvrir que c'était un liège de champagne qui s'était coincé dans la grille.

C'est lorsque je me préparais à tourner de nouveau à gauche que je me suis rendu compte du danger pour la première fois. Environ 20 mètres plus loin, sur la rue principale, j'ai aperçu deux chiens parmi les plus gros et les plus féroces que je n'ai jamais vus. Étrangers dans le secteur, ils représentaient une présence menaçante avec leurs narines évasées et une longue fourrure ondulante dans la brise de fin d'après-midi.

Mais pire que tout, ils étaient détachés.

Avec du recul, ce que j'aurais dû faire à ce moment-là, c'est de battre en retraite dans la ruelle et me mettre à l'abri derrière la clôture arrière du café. Là, j'aurais été en complète sécurité derrière des barreaux assez espacés pour que je m'y glisse, mais trop étroits pour ces monstres.

Au moment précis où je me demandais s'ils m'avaient vue, ils m'ont aperçue et m'ont immédiatement prise en chasse. L'instinct prenant le dessus, j'ai viré à droite toute et j'ai déguerpi aussi rapidement que mes membres défaillants me le permettaient. Mes poils dressés sur le dos et mon cœur battant la chamade, je courus désespérément à la recherche d'un refuge. Durant ces quelques instants chargés d'adrénaline, je me suis sentie capable d'aller n'importe où et de faire n'importe quoi : que ce soit grimper dans l'arbre le plus haut ou me glisser dans l'espace le plus étroit.

Mais il n'y avait aucune issue de secours, aucun abri sûr. L'aboiement furieux des chiens devenait plus fort à mesure qu'ils se rapprochaient de moi. Dans un moment de panique absolue, n'ayant nul autre endroit où aller, je fonçai vers un magasin d'épices, pensant que je pourrais y trouver un endroit pour me mettre en sécurité ou pouvoir du moins échapper au reniflage des chiens.

Le petit magasin était garni de coffres en bois sur lesquels des bols d'épices en laiton étaient soigneusement présentés. Plusieurs femmes d'âge mûr, qui broyaient des épices sur leurs cuisses à l'aide d'un pilon, ont laissé échapper des cris de stupéfaction quand je suis passée en coup de vent près de leurs chevilles, et des cris d'indignation ont suivi lorsque les chiens, assoiffés de sang, se sont précipités à ma suite.

J'entendis un bruit de métal sur le béton au moment où les bols se sont renversés par terre. Des nuages d'épices se sont répandus dans l'air. Filant vers l'arrière du magasin, j'ai cherché une étagère sur laquelle me hisser, mais je n'ai trouvé qu'une porte solidement fermée. Il y avait cependant un espace entre deux coffres, qui était juste assez grand pour que je me fraye un chemin. Derrière, à la place d'un mur, il y avait seulement une toile de plastique déchirée et, au-delà, une allée abandonnée.

Passant leurs grosses têtes dans l'espace entre les coffres, les chiens se mirent à japper frénétiquement. Terrifiée, j'ai rapidement balayé la petite rue du regard : elle se terminait par un cul-de-sac. La seule sortie possible était de rebrousser chemin vers la rue à l'avant.

De l'intérieur du magasin s'élevaient des jappements plaintifs alors que les femmes, furieuses, appréhendaient les deux voyous. Mon pelage blanc, habituellement lustré, était maintenant recouvert d'épices de toutes les couleurs. J'ai trottiné le long de l'allée jusqu'à la rue, puis j'ai couru aussi rapidement que mes jambes frêles me le permettaient. Mais la rue était en pente, une inclinaison légère mais exténuante. Bien que j'aie étiré chaque tendon de mon être, mes efforts étaient sans grand résultat. Bataillant pour m'éloigner des chiens aussi loin que possible, j'ai cherché quelque part, n'importe où, un endroit pour me mettre à l'abri. Mais je n'ai vu que des fenêtres de magasin, des murs de béton et des portes en acier impénétrables.

Derrière moi, le brouhaha des aboiements continuait, cette fois accompagné des cris de colère des femmes du magasin d'épices. Je me suis retournée pour les voir chasser les chiens hors du magasin, à grands coups de claques sur les flancs. Les yeux écarquillés et les langues traînant à terre, les deux bêtes bavant se sont retrouvées sur le trottoir tandis que je continuais de me traîner vers le haut de la côte, espérant que le va-et-vient constant des piétons et des voitures camouflerait ma position.

Mais il n'y avait aucune évasion possible.

Dans les moments qui ont suivi, les deux bêtes avaient repéré mon odeur et repris de plus belle leur chasse.

Leurs grognements féroces me remplissaient d'une peur bien réelle.

J'avais gagné du terrain, mais ce n'était pas assez. Les deux bêtes allaient me rattraper en moins de deux. Ayant atteint une propriété ceinturée de hauts murs blancs, je repérai un treillis de bois accroché à un mur, à côté d'une grille de fer noire. Jamais auparavant je n'aurais considéré ce que j'ai fait par la suite, mais avais-je le choix ? Quelques secondes seulement avant que les chiens ne m'attrapent, j'ai sauté sur le treillis et commencé à grimper aussi vite que mes jambes grises et pelucheuses me le permettaient. Je me suis traînée en titubant, une patte après l'autre.

Je venais juste d'atteindre le dessus du treillis quand les bêtes sont arrivées jusqu'à moi. Dans une frénésie d'aboiements, elles se sont lancées contre le treillis. La partie supérieure du treillis s'est détachée du mur tandis que, tout en bas, on entendait le bois craquer. Aurais-je encore été en train de l'escalader que je me serais retrouvée à me balancer au-dessus de leurs gueules béantes.

Arrivée sur le dessus du mur, je regardai leurs dents acérées et je tremblai devant leurs grognements qui me glaçaient le sang. C'était comme se retrouver nez à nez avec des créatures sorties tout droit des Enfers.

La frénésie maniaque des jappements a continué jusqu'à ce que les bêtes soient distraites par un autre chien qui léchait quelque chose en bordure du trottoir, un peu plus loin. Pendant qu'elles filaient vers ce chien, les bêtes eurent tôt fait d'être arrêtées par un homme de grande taille dans une veste de tweed, qui les a saisies par le collier pour leur mettre une laisse. Pendant qu'il se penchait sur elles, j'ai entendu un passant faire remarquer qu'il s'agissait de « beaux labradors » !

— Golden retrievers, a corrigé l'homme. Jeunes et intrépides, mais, ajouta-t-il en les tapotant affectueusement, de beaux spécimens.

De beaux spécimens ? Le monde entier était-il devenu complètement fou ?

✳

Une éternité passa avant que ma fréquence cardiaque ne revienne à quelque chose qui s'approchait de la normale, et ce n'est qu'alors que la réalité de ma situation est devenue apparente. Regardant autour de moi, je ne pouvais trouver aucune branche, rebord ou issue de secours d'aucune sorte. Le mur sur lequel j'étais perchée se terminait par une grille à une extrémité et s'arrêtait net à l'autre extrémité. J'étais sur le point de me passer la patte sur la bouche afin de donner à mon visage enduit d'épices un brin de toilette bien nécessaire, voire réconfortant, quand j'ai senti une odeur si piquante que je me suis immédiatement arrêtée. Un seul coup de langue, je le savais, mettrait ma bouche en feu. C'en était assez. J'étais là, prisonnière d'un mur aussi élevé que peu familier, et je ne pouvais même pas me toiletter !

Je n'avais d'autre choix que de rester où j'étais et d'attendre que quelque chose se produise. À l'opposé de toute l'agitation que je ressentais, la propriété derrière le mur était l'image même de la sérénité, comme le sol vierge des bouddhas dont j'avais entendu les moines parler. À travers les arbres, je pouvais voir un grand et majestueux bâtiment entouré de pelouses ondoyantes et de jardins remplis de fleurs. Je mourais d'envie d'être dans ces jardins ou de vagabonder le long de sa véranda — c'était simplement le genre d'endroit où je m'intégrerais à merveille. Si quelqu'un à l'intérieur de ce beau bâtiment voyait que la lionne des neiges avait échoué sur leur mur, il aurait sûrement assez de compassion pour voler à son secours.

Malgré beaucoup d'activité à la porte principale du bâtiment, personne n'est entré ou sorti par la porte piétonnière près de moi. Et le mur était si haut que les passants sur le trottoir pouvaient à peine me voir. Le peu de gens qui ont regardé en ma direction n'ont pas semblé me remarquer. Alors que le temps s'écoulait et que le soleil commençait à glisser vers l'horizon, je me suis rendu compte que je resterais là toute la nuit si personne ne venait à mon aide. J'ai laissé échapper un miaulement plaintif mais contenu : je ne sais que trop bien que beaucoup de personnes n'aiment pas les chats, et attirer leur attention ne ferait que me mettre dans une situation encore plus fâcheuse.

Cependant, je n'ai pas eu à m'inquiéter d'une attention non désirée, car je n'en ai reçu aucune. À l'Himalaya Book Café, je pouvais être vénérée en tant que CDSS, le chat de Sa Sainteté, mais ici, tout inconnue et souillée d'épices que j'étais, on m'ignorait complètement.

✳

Cher lecteur, je vous épargnerai l'exposé complet des heures qui ont suivi sur le mur, ainsi que des regards indifférents et des sourires d'incompréhension que j'ai été contrainte d'endurer, sans compter les pierres lancées par deux fripouilles désœuvrées qui rentraient de l'école. C'était après la tombée de la nuit et je tombais de fatigue quand j'ai aperçu une femme marcher seule de l'autre côté de la rue. Je ne l'ai tout d'abord pas reconnue, mais quelque chose à son sujet me disait qu'elle allait me sauver.

J'ai miaulé de façon à l'implorer. Elle a traversé la rue. Tandis qu'elle se rapprochait, j'ai vu que c'était Serena Trinci, la fille de Mme Trinci, chef VIP de Sa Sainteté et ma plus grande admiratrice à Namgyal. Récemment nommée au poste de directrice adjointe de l'Himalaya Book Café, Serena était dans le milieu de la trentaine. D'allure svelte, les cheveux foncés, mi-longs et réunis en une queue de cheval, elle portait ses vêtements de yoga.

— Rinpoché ! a-t-elle hurlé d'un air consterné. Qu'est-ce que tu fais là ?

Nous nous étions vues seulement deux fois au café, alors quand elle m'a reconnue, mon soulagement était démesuré. En l'espace de quelques secondes, elle a traîné une poubelle qui était à proximité jusqu'au mur et elle est montée dessus pour me rejoindre. Me recueillant dans ses bras, elle n'a pu faire autrement que de constater l'état désastreux de mon pelage recouvert d'épices.

— Qu'est-il arrivé, ma pauvre petite créature ? a-t-elle demandé en se rapprochant des taches multicolores et des arômes relevés tandis qu'elle me tenait contre elle.

— Tu t'es sûrement retrouvée dans le pétrin.

Enfouissant ma face dans sa poitrine, je me suis sentie enveloppée par le parfum chaud de sa peau et le battement rassurant de son cœur. Pas à pas, tandis que nous rentrions à la maison, mon soulagement s'est transformé en quelque chose d'encore plus profond : un puissant sentiment de connexion.

Ayant passé la majeure partie de sa vie adulte en Europe, Serena n'était rentrée à McLeod Ganj — un secteur de Dharamsala où vit le dalaï-lama — que quelques semaines plus tôt. Elle avait grandi là, dans un foyer qui se consacrait à la nourriture. Après le lycée, elle était donc allée dans une école de restauration en Italie, elle y avait travaillé en tant que chef, puis avait pris du galon dans quelques-uns des meilleurs restaurants d'Europe. Dernièrement, elle avait quitté son poste de chef principal à l'hôtel Danieli, une icône de la restauration vénitienne, pour accéder à la plus haute fonction d'un restaurant à la mode dans Mayfair, un quartier chic de Londres.

Je savais que Serena était ambitieuse, énergique et extrêmement douée, et je l'avais entendue expliquer à Franc, le propriétaire de l'Himalaya Book Café, comment elle avait ressenti le besoin de rompre avec une vie vouée à la restauration effrénée, à l'image d'un tapis roulant qui n'arrête jamais. Le stress incessant l'avait épuisée, et il était temps de se reposer et de recharger ses batteries : quand elle retournerait à Londres, dans six mois, elle occuperait l'un des emplois les plus prestigieux de la ville.

Cependant, elle ne se doutait pas que son retour à la maison coïnciderait avec le moment précis où Franc aurait besoin de quelqu'un pour s'occuper du café. Il s'en retournait à San Francisco pour prendre soin de son père, grièvement malade. Même si le fait de gérer une entreprise de restauration ne figurait pas dans ses plans de vacances, comparé à ce qu'elle était habituée à faire, s'occuper de l'Himalaya Book Café lui semblait un travail à temps partiel. Du jeudi au samedi, le café n'ouvrait que pour le dîner ; et avec le maître d'hôtel, Kusali, qui supervisait le service de jour, les exigences à l'endroit de Serena ne seraient pas très élevées. Ce serait amusant, lui avait assuré Franc, en outre, il lui avait donné de quoi s'occuper.

Plus important encore, il avait besoin de quelqu'un pour prendre soin de ses deux chiens. Marcel, le bouledogue français, et Kyïe Kyïe, le Lhassa apso, étaient les deux autres habitués « non humains » du café. Dans leur panier d'osier, sous le comptoir de la réception, ils passaient la majeure partie de la journée à somnoler.

En moins de deux semaines au café, Serena avait imposé son style ; en la rencontrant, les gens tombaient immédiatement sous son charme. Les clients du café ne pouvaient faire autrement que de répondre à sa vivacité : elle semblait savoir comment transformer une simple sortie au restaurant en une soirée inoubliable. Pendant qu'elle passait en coup de vent à travers les tables, sa chaleur et sa personnalité optimiste avaient tôt fait de charmer les serveurs, lesquels ne demandaient pas mieux que de la satisfaire. Sam, le directeur de la librairie, était ouvertement fasciné par elle, et Kusali, le valet indien grand et rusé, l'avait prise sous son aile.

Je me reposais à ma place habituelle — l'étagère supérieure du porte-magazines, entre les magazines *Vogue* et *Vanity Fair* — quand Franc m'a présentée à Serena en tant que *Rinpoché*. Prononcé rine-po-ché, ce nom tibétain signifie *le précieux,* et c'est un titre de politesse octroyé aux maîtres bouddhistes tibétains instruits. Serena avait répondu aux présentations en s'approchant et en caressant mon visage : « Tout à fait adorable ! » est tout ce qu'elle avait dit.

Le lapis de mes yeux bleus avait rencontré la brillance de ses yeux foncés, et il y avait eu un moment de reconnaissance. Je me suis rendu compte de quelque chose qui est primordial pour les chats, quelque chose que nous sentons de façon innée : j'étais en présence d'une amoureuse des chats.

✱

Maintenant, à la suite de ma mésaventure avec les chiens et le magasin d'épices, Serena, avec l'aide de Kusali et de quelques linges chauds et humides, essuyait tendrement les épices qui s'étaient incrustées dans ma fourrure épaisse. Nous étions dans la buanderie du restaurant, une petite pièce derrière la cuisine.

— Pas très agréable pour Rinpoché, avait fait remarquer Serena pendant qu'elle enlevait une tache foncée d'une de mes pattes grises avec grande délicatesse. Mais j'aime simplement l'odeur de toutes ces épices. Elles me ramènent à notre cuisine familiale quand j'étais petite : cannelle, cumin, cardamome, clous de girofle… les saveurs délicieuses du garam masala que nous utilisons dans le cari au poulet ou d'autres plats.

— Vous avez déjà préparé des caris, Mlle Serena ? demanda Kusali, médusé.

— C'est comme ça que j'ai commencé dans la cuisine, lui a-t-elle répondu. Telles étaient les saveurs de mon enfance. Maintenant, Rinpoché me les rappelle toutes.

— Nos clients du soir demandent souvent si nous avons des plats indiens au menu, madame.

— Je sais. J'ai déjà eu plusieurs demandes.

Il n'y avait aucune pénurie de stands, de cuisines de rue ou de restaurants plus conventionnels à Dharamsala. Mais comme Kusali l'avait soulevé, « les gens cherchent une adresse de confiance ».

— Vous avez raison, avait convenu Serena.

Puis, a-t-elle ajouté après avoir fait une pause :

— Mais Franc a été assez clair pour ce qui est de s'en tenir au menu existant.

— Et nous devons respecter ses choix (*Kusali se faisait emphatique*) pour ces soirs où le café est ouvert.

Il y a eu une pause tandis que Serena enlevait plusieurs grains de poivre entiers qui s'étaient logés dans ma queue touffue et que Kusali essayait d'essuyer une éclaboussure de paprika sur ma poitrine.

Quand Serena a parlé de nouveau, il y avait un sourire dans sa voix.

— Kusali, êtes-vous en train de dire ce que je pense moi-même ?

— Désolé, madame, je ne comprends pas.

— Êtes-vous en train de dire que nous pourrions, par exemple, ouvrir un mercredi pour essayer quelques plats de cari ?

Kusali le regarda avec une expression d'émerveillement et un large sourire.

— Une idée des plus brillantes, madame !

Nous, les chats, n'avons aucun penchant pour l'eau, et un chat humide est un chat malheureux. Serena le savait, car aussitôt qu'elle et Kusali ont pu rendre mon pelage semblable à son aspect immaculé habituel, elle m'a séchée avec une serviette spécialement choisie pour sa peluche, avant de demander à Kusali de trouver quelques morceaux de poulet pour me sustenter d'ici à ce qu'elle me ramène à Jokhang.

Puisque nous étions un lundi soir, le restaurant était fermé, mais Kusali avait trouvé des morceaux de poulet exquis dans le réfrigérateur et les avait brièvement réchauffés avant de les placer dans un petit bol de porcelaine gardé exclusivement pour moi. Par la force de l'habitude, il l'a déposé à l'endroit consacré au fond du café, et Serena a suivi en me portant dans ses bras.

Bien que le café ait été plongé dans la pénombre, il s'avérait que Sam Goldberg, le directeur de la librairie, animait ce soir-là une réunion du club de lecture. Me laissant à mon repas, que j'ai attaqué avec enthousiasme, Serena et Kusali se sont dirigés vers la section « librairie » du café, où environ vingt personnes étaient assises sur des chaises installées en rangées et regardaient des diapositives.

— C'est une vision de l'avenir d'un livre écrit vers la fin des années 1950, dit une voix masculine.

La tête rasée, les lunettes à monture d'acier et la barbichette donnaient à l'intervenant un regard effronté, ce qui ajoutait à l'aura de malice qui s'en dégageait. J'ai immédiatement reconnu ce visage. Sam avait accroché une affiche de lui dans le magasin plusieurs semaines plus tôt, qui allait de pair avec une citation de *Psychology Today* qui décrivait l'homme — un psychologue bien connu — comme « l'un des penseurs les plus avant-gardistes de notre époque ».

C'est alors que j'ai aperçu Sam, qui se tenait à l'arrière afin d'accueillir les retardataires. Le visage jeune et beau, Sam avait le front haut, des cheveux bouclés et foncés, et des yeux noisette qui, derrière ses lunettes intello, lui donnaient une intelligence lumineuse, en même temps qu'un curieux manque d'assurance. Comme Serena, Sam travaillait à l'Himalaya Book Café depuis peu, mais il était pour sa part un employé permanent.

Sam s'était établi en tant que client régulier du café, il y avait plusieurs mois, et quand Franc l'avait questionné au sujet des livres et des téléchargements qui retenaient constamment son attention, Sam avait expliqué qu'il travaillait pour une importante librairie de Los Angeles jusqu'à ce qu'elle ait récemment fermé ses portes. Franc avait immédiatement eu sa petite idée. Il avait pensé convertir l'espace sous-utilisé du Café Franc — nom sous lequel on le connaissait alors — en une librairie, mais il avait besoin de quelqu'un d'expérimenté pour que cela se concrétise. S'il devait y avoir une convergence parfaite, c'était bien celle-là : la bonne personne, au bon endroit, au bon moment.

Mais cela avait demandé de la persuasion. Sam avait beaucoup de mal à se remettre de son licenciement et il ne pensait pas être à la hauteur du défi. Franc avait dû recourir à tous ses charmes — aidé en cela par l'immense pouvoir de persuasion de son lama, Geshe Wangpo — pour obliger Sam à accepter de mettre sur pied la section librairie de l'Himalaya Book Café.

— En ayant à l'esprit que sous une perspective des années 1950, le futur, c'est *aujourd'hui*, poursuivit le conférencier, quelqu'un souhaiterait-il commenter l'exactitude de la vision exprimée par l'auteur ?

Des rires étouffés se firent entendre dans l'assistance. L'image sur l'écran montrait une femme au foyer époussetant des meubles, alors qu'au-dehors son mari amarrait sa voiture antigravité, qui était descendue d'un ciel rempli de voitures volantes et de personnes portant un réacteur dorsal.

— La coiffure à la « Lucille Ball » n'est pas très futuriste, fit remarquer une des femmes dans l'assistance, provoquant encore plus de rires.

— Les vêtements, dit quelqu'un d'autre sous une nouvelle tempête de rires.

La femme, dans sa jupe gonflée, et son mari, dans son pantalon cigarette, ne ressemblaient certes pas à des gens que nous verrions aujourd'hui.

— Et que dites-vous de ces réacteurs dorsaux ? a renchéri un autre.

— C'est vrai, a convenu le conférencier, nous les attendons toujours.

Puis, après avoir fait défiler plusieurs autres diapositives :

— Ces images montrent comment les personnes des années 1950 voyaient le futur. Et ce qui les rend si candidement et joliment fausses, ce n'est pas seulement ce qu'elles contiennent, mais ce qu'elles ne contiennent *pas.* Dites-moi ce qui manque à celle-ci, a-t-il demandé en s'arrêtant sur un paysage urbain de 2020, avec des tapis roulants comme trottoirs afin de transporter les piétons.

Absorbée que j'étais par mon festin au poulet, moi aussi je trouvais le tableau surréaliste, pour des raisons que je n'arrivais toutefois pas à expliquer.

Après un moment de silence, quelqu'un a fait observer :

— Aucun téléphone portable.

— Aucune femme dirigeante, dit un autre.

— Pas de gens de couleur, poursuivit quelqu'un.

— Aucun tatouage, ajoutait quelqu'un d'autre tandis que l'assistance se mettait à relever de plus en plus de détails.

Le conférencier laissa du temps à l'assistance afin qu'elle s'imprègne bien des images.

— Nous pourrions dire que la différence entre la façon dont les choses étaient dans les années 1950 et la façon dont les gens imaginaient le futur se résume à ce sur quoi ils se concentraient : des voitures antigravité, disons, ou bien des tapis roulants en guise de trottoirs. Ils imaginaient que tout le reste serait pareil.

L'assistance prit une autre pause pour digérer ce qu'il venait de dire.

— Mes amis, c'est une raison pour laquelle nous avons tous tant de difficulté à présumer ce que sera l'avenir, et en particulier ce qui nous rendra heureux. C'est parce que nous imaginons que tout dans notre vie restera tel quel, à l'exception de cette chose sur laquelle nous sommes concentrés.

» Certains appellent cela du *présentisme*, la tendance à penser que l'avenir sera, à une différence près, exactement comme le présent. Nos esprits sont en fait très bons pour remplir le reste. Et le matériel que nous utilisons pour le remplir se compose du présent, comme ces images l'illustrent.

» Les recherches montrent que lorsque nous faisons des prévisions au sujet de ce que seront les événements futurs, nous ne nous rendons pas compte du fait que nos esprits recourent à un « procédé d'extrapolation ». C'est en partie pourquoi nous pensons que le fait d'obtenir un emploi avec un bureau spacieux nous remplira d'un sentiment de succès et d'accomplissement, ou que conduire une auto de luxe sera une source de joie intarissable. Nous pensons que nos vies seront exactement les mêmes qu'elles sont maintenant, à l'exception de cette différence particulière. Mais la réalité, comme nous l'avons vu, a poursuivi le conférencier en pointant vers l'écran, est beaucoup plus compliquée. Nous n'imaginons pas, par exemple, l'énorme difficulté d'équilibrer vie professionnelle et vie personnelle, qui vient avec la charge du bureau spacieux, ou l'inquiétude que nous ressentirions à l'idée que des égratignures ou des bosses viennent abîmer notre nouvelle voiture, sans parler de la tension engendrée par ces nouvelles mensualités.

J'aurais pu rester plus longtemps pour écouter le conférencier, mais Serena voulait rentrer à la maison, et elle verrait à ce que je regagne le confort de Jokhang. Me portant dans ses bras, elle a fui par la porte arrière du café et a pris le chemin le plus court vers le haut de la colline. À Namgyal, nous nous sommes frayé un chemin à travers la cour attenante aux appartements de Sa Sainteté, là où Serena s'est penchée pour me déposer, tel un objet de porcelaine fragile, sur les marches de l'entrée principale.

— J'espère que tu reprends tes sens, ma petite Rinpoché, a-t-elle murmuré en passant ses doigts dans ma fourrure, laquelle était maintenant presque sèche.

J'aimais la sensation de ses longs ongles qui massaient ma peau. M'approchant d'elle, j'ai léché sa jambe de ma langue de papier de verre. Elle a ri.

— Oh, ma petite fille, je t'aime aussi !

⁂

Chogyal, un des adjoints de Sa Sainteté, avait laissé mon repas en haut, à l'endroit habituel, mais ayant déjà mangé au café, je n'avais pas vraiment faim. Après avoir lapé un peu de lait sans lactose, je me suis dirigée vers les appartements privés que je partageais avec Sa Sainteté. La pièce où il passait la majeure partie de ses journées était silencieuse et baignait dans le clair de lune. J'ai filé vers ma place préférée sur le rebord de la fenêtre. Bien que le dalaï-lama ait été à des kilomètres de distance en Amérique, je sentais sa présence comme s'il était à côté de moi. Peut-être était-ce le charme du clair de lune qui jetait un monochrome éthéré sur toute la pièce, mais peu importe la raison, je sentais un profond sentiment de paix. Le même sentiment de bien-être que j'éprouvais chaque fois que j'étais à ses côtés. Je pensais à ce qu'il m'avait dit avant son départ, à savoir que ce flot de sérénité et de bienveillance est une chose à laquelle nous pouvons tous aspirer. Il suffit simplement de nous asseoir en silence.

Je commençai à lécher ma patte et à me laver le visage pour la première fois depuis les horreurs de l'après-midi. Je pouvais encore voir les chiens foncer sur moi, mais maintenant, c'était comme si je me rejouais les mésaventures d'un autre chat. Ce qui avait semblé si accablant et traumatisant il y avait à peine quelques heures n'était plus qu'un mauvais souvenir dans la tranquillité de Namgyal.

Je me suis rappelé le psychologue en bas au café quand il disait que les gens n'ont souvent qu'une petite idée de ce qui pourrait les rendre heureux. Ses illustrations étaient éloquentes, mais tandis qu'il parlait, une autre chose m'avait frappée en ce qui concerne son message : c'était assez familier parce que le dalaï-lama disait souvent la même chose. Il n'employait pas des mots comme *présentisme*, mais leur signification était identique. Sa Sainteté observait aussi comment nous croyons que notre bonheur dépend de certaines situations, relations ou réalisations. Comment nous pensons que nous serons malheureux si nous n'obtenons pas ce que nous voulons. Tout comme le dalaï-lama relevait le paradoxe que, même lorsque nous *obtenons* ce que nous voulons, nous échouons souvent à trouver le bonheur que nous attendions.

Installée sur le rebord de la fenêtre, je regardai avec insistance dans la nuit. Des carrés de lumière vacillaient dans les ténèbres qui me séparaient des résidences des moines. Des arômes s'élevaient depuis la fenêtre du premier étage, indiquant qu'on préparait le souper dans les cuisines du monastère. Je prêtai l'oreille aux chants graves qui montaient du temple, tandis que les moines au-dessus mettaient fin à leur méditation vespérale. En dépit du traumatisme de l'après-midi et du fait de réintégrer une maison vide et sans éclairage, au moment de m'asseoir sur le rebord de la fenêtre et de replier mes pattes sous moi, je ressentis une satisfaction plus profonde que je ne l'aurais jamais cru.

✷

Les jours qui suivirent, l'Himalaya Book Café débordait d'activités. En plus de l'agitation habituelle, Serena mettait rapidement ses idées en place quant à la tenue d'une soirée « cari ». Elle avait consulté les chefs du café, les frères népalais Jigme et Ngawang Dragpa, lesquels n'étaient que trop ravis de partager leurs recettes familiales préférées. Elle avait également ratissé Internet, à la recherche de petites trouvailles à ajouter à son livre, déjà rempli de recettes personnelles.

Un lundi soir, Serena invita un groupe d'amis avec lequel elle avait grandi à McLeod Ganj afin de tester certains des plats de cari qu'elle avait redécouverts ou bien réinventés. De la cuisine montait un mélange d'épices exquis qui n'avait jamais été assemblé avec une profusion aussi abondante au café — coriandre et gingembre frais, paprika et piment fort, garam masala, graines de moutarde jaune et noix de muscade.

Travaillant en cuisine pour la première fois depuis son retour d'Europe, Serena était dans son élément pendant qu'elle préparait des samoussas végétariens croquants, qu'elle sortait du four des portions généreuses de pain naan — pain plat d'origine indienne — et décorait des bols en laiton de cari de Madras avec des spirales de yogourt. Elle se rappelait la joie pure de la création, la passion qui l'avait conduite à étudier la cuisine gastronomique. Depuis quinze ans, elle n'avait jamais osé expérimenter une palette de saveurs aussi complète et variée.

Ses amis s'étaient montrés reconnaissants, mais avaient néanmoins formulé des critiques constructives. Au moment où le dernier *kulfi* de pistache et de cardamome avait été englouti, et le dernier verre de chai siroté, l'enthousiasme était tel que l'idée d'une soirée « cari » avait évolué en quelque chose de nettement plus extravagant : ce serait un banquet indien.

❋

Moins de deux semaines plus tard, j'étais le témoin privilégié du banquet inaugural. En tant que présence bienveillante de l'Himalaya Book Café, pourquoi ne l'aurais-je pas été ? De plus, Serena m'avait promis une généreuse portion de son délicieux cari au poisson de Malabar.

Jamais le restaurant n'avait servi autant de repas en même temps. L'événement s'était avéré si populaire qu'on avait dû ajouter des tables supplémentaires dans la section librairie et embaucher deux extras pour répondre à la demande. La famille et les amis de Serena, dont plusieurs la connaissaient depuis son plus jeune âge, s'étaient joints aux résidents du quartier, qui constituaient la clientèle régulière du café. La mère de Serena, avec son châle indien multicolore, ses bracelets dorés cliquetant à ses poignets et ses yeux ambrés resplendissant de fierté en regardant sa fille orchestrer la soirée, semblait sortie tout droit d'un opéra.

Comme pour faire contrepoids au brio italien, se trouvait à la table à côté de Mme Trinci un contingent plus calme issu du bureau du dalaï-lama, dont les adjoints exécutifs de Sa Sainteté, Chogyal et Tenzin, puis l'épouse de Tenzin, Susan, ainsi que le traducteur de Sa Sainteté, Lobsang.

Chogyal, avec son cœur chaleureux et ses mains douces, était mon moine préféré après le dalaï-lama. En faisant preuve d'une sagesse bien supérieure à son âge, car il devait gérer les affaires du monastère souvent délicates, il était d'un grand secours pour Sa Sainteté. Il était également responsable de me nourrir quand le dalaï-lama était absent, une fonction qu'il remplissait méticuleusement.

C'est Chogyal qui, un an plus tôt, s'était offert à m'amener chez lui pendant qu'on faisait des travaux de rénovation dans les appartements du dalaï-lama. Après l'avoir fustigé pour m'avoir enlevée à tout ce qui m'était familier, j'avais passé trois jours à bouder sous le couvre-lit, seulement pour en venir à la conclusion que je m'étais privée d'un nouveau monde passionnant, un monde habité par un magnifique chat tigré qui allait devenir le père de mes chatons. À travers toutes ces aventures, Chogyal était demeuré mon ami patient et dévoué.

De l'autre côté du bureau, dans l'espace alloué aux adjoints exécutifs de Sa Sainteté, se trouvait Tenzin, un diplomate professionnel raffiné dont les mains dégageaient toujours une odeur de savon carbolique. Il avait étudié en Grande-Bretagne, et la majeure partie de ce que je connaissais de la culture européenne me venait de ces heures de déjeuner à écouter la chaîne BBC World Service en sa compagnie dans la salle des premiers soins.

Je ne connaissais pas l'épouse de Tenzin, Susan, mais le traducteur de Sa Sainteté, Lobsang, un jeune moine profondément serein, m'était familier. Lobsang et Serena se connaissaient depuis longtemps, ayant tous deux grandi à McLeod Ganj. Apparenté à la famille royale du Bhoutan, Lobsang était un moine novice qui étudiait à Namgyal quand Mme Trinci avait eu besoin de sous-chefs supplémentaires en cuisine. Lui et Serena avaient été réquisitionnés, et une amitié étroite et exquise avait suivi, ce qui explique pourquoi Lobsang était également du banquet.

Le soir du banquet, Serena avait transformé le café en salle à manger somptueuse avec des nappes richement brodées et pailletées, sur lesquelles elle avait placé des pots de condiment finement ouvragés. À chaque centre de table, des bougies chauffe-plats avaient été regroupées dans des bougeoirs de laiton en forme de lotus.

De la musique indienne trance montait et descendait hypnotiquement en arrière-fond, tandis qu'un défilé de plats s'ébranlait de la cuisine. Des *pakoras* aux légumes, au poulet à la mangue, chacun d'eux recevait une réponse enthousiaste. Quant au cari au poisson de Malabar, je pourrais personnellement en faire l'éloge. Le poisson était doux et succulent, la sauce délicieusement crémeuse, avec juste assez de coriandre, de gingembre et de cumin pour donner un peu de punch. En quelques minutes, non seulement avais-je mangé ma portion, mais j'avais nettoyé la soucoupe au complet.

Au centre de tout, Serena s'acquittait de son rôle de chef avec brio. Pour l'occasion, elle avait spécialement revêtu un sari cramoisi, s'était mis du khôl, de longues boucles d'oreilles et un collier orné de gemmes éclatantes. À mesure que la soirée avançait, elle allait de table en table, et je ne pouvais que remarquer à quel point les personnes étaient touchées par sa chaleur humaine. Pendant le temps que Serena passait avec ces dernières, elle leur faisait sentir qu'elles étaient le centre du monde. Et elle-même était touchée par le débordement d'affection qu'elle recevait en retour.

— C'est si merveilleux que tu sois revenue, chère, lui dit une dame âgée, qui était une amie de la famille. Nous apprécions toutes tes idées et ton énergie.

— Nous avions besoin de quelqu'un comme toi à Dharamsala, a poursuivi un ancien camarade de classe. Les personnes les plus douées semblent toutes partir, alors quand il en revient une, nous la chérissons encore plus que tu ne peux l'imaginer.

Plusieurs fois dans la soirée, j'ai vu que sa lèvre tremblait d'émotion pendant qu'elle prenait un mouchoir pour essuyer le coin de ses yeux. Quelque chose de spécial se passait à l'Himalaya Book Café, quelque chose qui dépassait ce somptueux banquet indien et qui revêtait une importance personnelle beaucoup plus grande.

Il m'a fallu attendre plusieurs soirées avant de découvrir la clé de l'énigme.

✳

Au cours des dernières semaines, une relation de travail particulière s'était établie entre Sam et Serena. La vivacité de Serena était le complément parfait de la timidité de Sam. L'univers à la fois cérébral et imaginaire de ce dernier était contrebalancé par le monde bien concret de la gastronomie et des vins de celle-ci. Et le fait de savoir qu'elle n'était qu'une directrice adjointe qui retournerait en Europe dans quelques mois donnait à leur relation un caractère d'évanescence aigre-douce.

Lorsque le café était ouvert pour le dîner, ils avaient pris l'habitude de terminer chaque soirée dans un coin particulier de la section librairie. Deux sofas disposés de chaque côté d'une table basse était l'endroit idéal pour surveiller les derniers clients du restaurant tout en discutant de ce qu'ils avaient à l'esprit.

Kusali, le maître d'hôtel, n'avait plus besoin qu'on lui demande d'apporter leur commande. Peu de temps après qu'ils s'étaient assis, il arrivait avec deux chocolats chauds belges, l'un avec des guimauves pour Serena, et l'autre avec un *biscotti* pour Sam. Sur le plateau se trouvait également une soucoupe avec quatre biscuits pour chien et, si j'étais toujours au café, un petit pot de lait sans lactose pour moi.

Le tintement doux de la soucoupe sur la table basse était le signal qu'attendaient Marcel et Kyïe Kyïe, lesquels étaient docilement restés dans leur panier, sous le comptoir, pendant la totalité du service. Les deux chiens décollaient de leur panier, couraient à travers le restaurant et les escaliers, avant de s'asseoir devant la table basse avec leurs têtes inclinées et les yeux suppliants. Devant cet empressement leurs compagnons humains ne manquaient pas d'esquisser un sourire ; puis Sam et Serena les observaient dévorer leurs biscuits, avant de renifler toute miette tombée sur le plancher.

Personnellement, je faisais mon entrée de façon un peu plus insouciante, m'étirant et frissonnant quelques instants avant de quitter l'étagère supérieure du porte-magazines pour rejoindre les autres.

Après avoir dévoré leurs biscuits, les chiens sautaient sur le sofa, collaient Sam, puis se mettaient sur le dos en anticipant fébrilement une caresse sur le ventre. Je prenais ma place dans le giron de Serena, chiffonnant toute robe qu'elle se décidait à porter, puis je ronronnais d'aise.

— On a déjà reçu une foule de réservations pour notre prochain banquet, dit ce soir-là Serena à Sam, une fois tous les cinq bien installés.

— C'est génial ! répondit-il en sirotant son chocolat chaud de façon contemplative. Q-quand le dirastu à Franc ?

Serena n'avait pris aucune décision. Toujours à San Francisco, Franc ne savait rien au sujet du banquet indien de mercredi dernier. Serena s'en était remise à l'idée selon laquelle il vaut parfois mieux demander pardon que de demander la permission.

— J'ai pensé le laisser découvrir l'agréable surprise quand il verra les finances du mois en cours, dit-elle.

— Il aura une belle surprise, ça c'est sûr, a convenu Sam. La plus grosse recette en une seule soirée depuis que le café est ouvert. Et ça a galvanisé tout le reste. Tout le café s'est mis à vibrer. Il y a eu comme un buzz.

— C'est ce que je pensais aussi, dit Serena. Mais je me demandais si j'étais la seule.

— Non, l'endroit a changé, insista Sam en soutenant son regard deux bonnes secondes.

Puis il détourna les yeux :

— Et tu as changé aussi.

— Oh ? dit-elle en souriant. En quel sens ?

— Tu as cette… énergie. Cette j-joie de v-vivre.

Serena hocha la tête et dit :

— Je me sens différente. J'ai pensé au fait que pendant toutes ces années passées à gérer les restaurants les plus chics d'Europe, je ne pense pas m'être déjà amusée autant que je l'ai fait mercredi dernier. Je n'aurais jamais cru que ça pouvait être aussi satisfaisant !

Sam réfléchit un instant avant d'observer :

— Comme le psychologue l'a dit l'autre jour, parfois il est difficile de prévoir ce qui nous rendra heureux.

— Tout à fait. Je commence à me demander si le fait d'être chef principal dans un des meilleurs restaurants de Londres est *vraiment* ce que je veux faire après.

Je regardais Sam au moment où elle disait ça, et je pouvais voir un changement dans son expression. Une lueur était apparue dans ses yeux.

— Si je retourne faire la même chose, poursuivit Serena, j'obtiendrai probablement le même résultat.

— Encore plus de stress et un b-burn-out ?

Serena acquiesça.

— Il y a aussi des compensations, bien sûr, mais elles sont bien différentes de celles que l'on trouve ici.

— Penses-tu que c'est d'avoir cuisiné pour la famille et les amis qui a fait la différence ? suggéra Sam.

Puis, jetant un regard malicieux :

— À moins que ça n'ait à voir avec le fait d'éveiller le *vindaloo* intérieur ?

— Les deux, a répondu Serena en gloussant. J'ai toujours adoré les caris. Ils ne feront jamais partie de la haute cuisine, mais j'aime les cuisiner pour leurs nombreuses saveurs, et ils sont si nourrissants. Mais en plus de tout ça, c'est comme si mercredi dernier avait été vraiment spécial pour les gens.

— J'en conviens, dit Sam. Il y avait une super ambiance.

— Il y a quelque chose de très satisfaisant quand on peut faire ce qu'on aime vraiment et être apprécié par les autres.

Sam paraissait songeur. Il a déposé sa tasse, s'est levé du sofa et s'est rendu à un rayon de la librairie. Il est revenu avec un exemplaire du livre *Découvrir un sens à sa vie avec la logothérapie*, du psychologue autrichien et survivant de l'Holocauste Viktor Frankl.

— Ce que tu viens de dire m'a rappelé quelque chose, dit-il en ouvrant le livre à la préface. « Ne visez pas le succès, a-t-il lu. Plus vous le visez et en faites une cible, plus vous allez le manquer. Car le succès, comme le bonheur, ne peut être poursuivi ; il doit s'ensuivre… tel un effet indirect, inattendu, du dévouement à une cause plus grande que soi. »

— À un autre niveau, c'est un peu ce que je découvre, et de la façon la plus étrange, a fait remarquer Serena.

Ils se sont regardés un instant.

Sam était curieux.

— Qu'est-ce que tu veux dire ?

— Eh bien, l'idée d'un banquet indien s'est tout simplement présentée en raison d'une conversation informelle que j'ai eue avec Kusali. Et cela s'est simplement produit parce que j'ai trouvé notre petite Rinpoché coincée en haut d'un mur.

Sam était au courant de l'après-midi que j'avais passé sur ce mur. Il y avait eu beaucoup de spéculation quant à la façon dont je m'étais retrouvée là, mais aucune n'était correcte.

— Tu pourrais dire que tout ceci est survenu en raison de Rinpoché, a-t-elle dit en me caressant et en me regardant avec affection.

— Rinpoché, le catalyseur, a poursuivi Sam.

Tandis qu'ils riaient, j'ai pensé à la façon dont personne, moi la dernière, n'aurait pu prévoir la série d'événements qui s'était enclenchée à cause de ma décision de tourner à gauche plutôt qu'à droite en quittant le café cet après-midi-là. Pas plus qu'aucun d'entre nous n'aurait pu croire ce que l'avenir nous réservait encore. Car ce qui s'était produit jusqu'à maintenant n'était que le début d'une histoire beaucoup plus importante — une histoire dans laquelle plusieurs dimensions du bonheur allaient émerger en tant qu'effets indirects et inattendus, mais ô combien gratifiants.

Imprévisible ? Très certainement. Éclairant ? Sans aucun doute !

Chapitre 2

Qu'est-ce qui vous fait ronronner ?

De toutes les questions qui existent, c'est la plus importante. C'est aussi la grande niveleuse. Car peu importe si vous êtes un chaton espiègle ou un aîné sédentaire, un chat de ruelle émacié ou une chatte racée au poil lisse, peu importe les circonstances, vous ne voulez qu'être heureux. Pas le genre de bonheur qui va et vient comme une boîte de thon émietté, mais un bonheur durable. Un bonheur profond qui vous fait ronronner à partir du cœur.

Quelques jours seulement après le banquet indien, j'ai fait une autre découverte intrigante au sujet du bonheur. Vers le milieu de la matinée — de ces splendides matinées himalayennes qui font la part belle aux cieux azurés, aux chants mélodieux des oiseaux et à l'odeur vivifiante du pin —, j'ai entendu des bruits peu familiers en provenance de la chambre à coucher. Délaissant mon rebord de fenêtre, je suis partie investiguer.

En l'absence du dalaï-lama, Chogyal avait mis sur pied un grand nettoyage de printemps. Mon deuxième moine préféré était au centre de la pièce, supervisant un ouvrier en haut d'une échelle, en train de décrocher les rideaux, tandis qu'un autre était perché sur un tabouret et donnait au luminaire un bon coup de chiffon.

Ma relation avec Chogyal connaissait un changement subtil chaque fois que Sa Sainteté partait en voyage. Le matin, lorsqu'il arrivait au travail, il entrait dans les appartements du dalaï-lama juste pour me voir, passant quelques minutes à me brosser à l'aide de mon peigne spécial et à me parler des événements de la journée, un réconfort que j'appréciais après avoir passé la nuit toute seule.

De même, avant qu'il ne me quitte pour la nuit, il s'assurait que mon bol était rempli, il me réapprovisionnait en eau, puis il prenait le temps de me caresser et de me rappeler combien j'étais appréciée, non seulement de Sa Sainteté mais de tous les résidents.

Je savais que Chogyal essayait de compenser l'absence du dalaï-lama, et son cœur tendre ne me faisait l'aimer que davantage.

Mais ce matin-là, j'étais sidérée par ce qu'il faisait subir à notre chambre à coucher. Un de ses subalternes rassemblait des articles à laver quand Chogyal fit un geste en direction de ma couverture en ouatine beige, laquelle était sur le plancher, sous une chaise.

— Ça, a-t-il dit. Elle n'a pas été lavée depuis des mois.

Bien sûr qu'elle n'avait pas été lavée ! Pas plus qu'elle ne l'aurait été si Sa Sainteté s'en était elle-même occupée.

J'ai miaulé plaintivement.

Chogyal s'est retourné pour me voir assise sur le pas de la porte, une expression piteuse dans les yeux. Toutefois, malgré toute sa chaleur humaine, Chogyal n'était pas très perspicace pour ce qui est de décoder le comportement des chats. À la différence du dalaï-lama qui aurait exactement compris la raison de ma tristesse, il prit mon miaulement pour de la détresse générale.

Se penchant vers moi, il me prit dans ses bras et commença à me flatter.

— Ne t'inquiète pas, CDSS, dit-il de façon rassurante en utilisant l'acronyme de ma désignation officielle, et ce au moment précis où le préposé à l'entretien saisissait ma couverture et prenait le chemin de la buanderie.

— Elle te reviendra parfaitement propre, avant même que tu ne t'en aperçoives.

Ne voyait-il pas que c'était justement le nœud du problème ? Je luttai pour me soustraire à son étreinte, allant même jusqu'à sortir mes griffes pour lui montrer à quel point j'étais sérieuse. Après quelques instants désagréables, il me remit par terre.

— Pfff, les chats, dit-il en secouant la tête muni d'un sourire perplexe, comme si j'avais fait fi de son affection sans bonne raison.

Regagnant mon rebord de fenêtre, ma queue trahissant mon affliction, je remarquai à quel point la journée était devenue désagréablement lumineuse. Dehors, les oiseaux criaillaient à tue-tête, et l'odeur du pin était aussi forte qu'un désinfectant pour toilettes. Comment Chogyal pouvait-il ne pas voir ce qu'il faisait ? Ne s'apercevait-il pas qu'il venait d'ordonner l'oblitération du dernier lien qui me liait encore au plus beau chaton qui ait jamais existé, ma petite chérie des neiges ?

Quatre mois plus tôt, en raison d'un badinage avec un bellâtre mal dégrossi, pour ne pas dire un sordide chat de ruelle, j'avais donné naissance à une magnifique portée de quatre chatons. Les trois premiers à venir au monde étaient exactement comme leur père : foncés, robustes et de sexe masculin. En fait, cela avait été une source de grand étonnement que de tels spécimens — vigoureux, tigrés, bientôt rayés à la manière d'un maquereau — aient pu émerger de mon petit et raffiné, voire ravissant, corps pelucheux. Le quatrième et dernier chaton, cependant, était le portrait craché de sa mère. Le dernier à avoir atterri sur la couverture de yak de Sa Sainteté, aux petites heures du matin, était si petit qu'il aurait facilement pu tenir dans une cuillère à soupe. Au début, nous avons tous craint pour sa vie et je suis convaincue, encore aujourd'hui, qu'elle doit la vie aux bons soins du dalaï-lama.

Les bouddhistes tibétains considèrent Sa Sainteté comme une émanation de Chenrezig, le Bouddha de la compassion. Même si je vis constamment en présence de sa compassion, je ne l'ai jamais sentie autant que lorsque j'étais en situation de grande détresse. Tandis que mon petit bébé — une petite tache rose plissée avec quelques mèches blanches — luttait pour sa vie, Sa Sainteté veillait sur nous, récitant doucement un mantra, tel un murmure. Son attention fixée sur nous jusqu'à ce qu'elle récupère de l'accouchement, nous étions, semblait-il, à l'abri de toute difficulté. Nous baignions dans l'amour et le bien-être de tous les bouddhas. Quand la petite a finalement trouvé son chemin vers une mamelle et qu'elle s'est mise à téter, c'était comme si nous venions de traverser une tempête. Grâce à la protection de Sa Sainteté, tout irait bien.

Plusieurs semaines avant la naissance des chatons, la nouvelle de ma grossesse ayant même dépassé les frontières de Namgyal, le bureau de Sa Sainteté avait reçu des demandes d'adoption d'une kyrielle de moines du monastère, d'amis et d'adeptes ailleurs en Inde et dans l'Himalaya, ainsi que d'admirateurs venant d'aussi loin que Madrid, Los Angeles et Sydney. Si j'avais pu accoucher d'autant de chatons qu'il y avait de candidats à l'adoption, ma progéniture se serait répandue sur tous les continents.

Les premières semaines, mes bébés étaient fragiles et vulnérables. Après un mois, mes trois fils, maintenant turbulents, étaient prêts à essayer la nourriture en boîte. Quant à ma petite fille, je devais encore en prendre soin, car elle était beaucoup plus frêle que les autres. Au bout de huit semaines, les garçons couraient dans tous les sens ; ils grimpaient dans les rideaux, filaient à travers les appartements de Sa Sainteté et bondissaient sur les chevilles de passants qui ne s'y attendaient pas.

Avant que n'importe quel visiteur VIP n'arrive, les appartements devaient être vidés de leurs chatons. Chogyal, bien que fort intelligent, ne jouissait pas d'une très grande coordination ; il se traînait à quatre pattes et se prenait les pieds dans sa propre tunique tandis qu'il courait après l'un ou l'autre de mes fils fugitifs. Tenzin — plus vieux, plus grand et rompu aux choses de ce monde — enlevait sa veste avec un certain cérémonial avant d'opter pour une approche plus stratégique : faire fuir les chatons de leur cachette, puis les attraper quand ils s'y attendaient le moins.

L'arrivée d'un visiteur particulier allait marquer un tournant. En tant que chat de Sa Sainteté, j'ai appris à être un véritable modèle de discrétion en ce qui a trait aux visites de célébrités. Loin de moi l'idée de dévoiler l'identité d'aucun de ces VIP. Laissez-moi simplement vous dire que cet invité, en particulier, était connu de tous ; une star de cinéma, un culturiste d'origine autrichienne qui était non seulement devenu une des vedettes les plus rentables d'Hollywood, mais qui avait accédé au poste de gouverneur de la Californie.

À ce stade-ci, vous comprendrez que je ne suis pas prête à aller plus loin. Car je ne pourrais probablement pas en dire davantage sans vendre la mèche.

L'après-midi où il est arrivé à l'arrière d'un rutilant SUV, Chogyal et Tenzin avaient entrepris leur contrôle de routine et avaient installé les trois petits tigrés dans la pièce du personnel. Du moins, c'est ce qu'ils pensaient.

Visualisez, si vous le voulez bien, la scène suivante. L'invité de marque arrive — beau, charismatique et surplombant le dalaï-lama. Comme l'exige la tradition tibétaine en rencontrant un haut lama, l'invité se courbe et présente une écharpe blanche — appelée *kata* — à Sa Sainteté, qui, en retour, la lui drape autour du cou. Tout le monde est tout sourire et l'atmosphère est empreinte de sérénité, comme c'est généralement le cas en présence du dalaï-lama. L'invité VIP se met ensuite à côté de son hôte pour la photo officielle.

Une fraction de seconde avant que le photographe ne prenne leur portrait, mes trois fils se lancent dans ce que je pourrais décrire comme un assaut frontal complet. Deux d'entre eux bondissent de l'arrière d'un fauteuil et sonnent la charge contre les jambes du visiteur. Le troisième enfonce ses griffes et ses dents dans sa cheville gauche.

Le visiteur est pris de stupeur et de douleur à la fois. Le photographe laisse échapper un cri d'effarement. Pendant quelques instants d'étonnement, le temps semble s'arrêter. Les deux premiers chatons dévalent des jambes de notre VIP, tandis que le troisième s'enfuit, non sans avoir signifié quelque chose comme « *hasta la vista*, baby ».

Sa Sainteté, la seule que la faille dans la sécurité féline n'a pas semblé surprendre, se confond en excuses. Retrouvant sa contenance, l'invité VIP semble finalement trouver la chose assez amusante.

Je pense que je n'oublierai jamais ce qui s'est passé par la suite : le dalaï-lama faisant des gestes en direction des misérables chatons, tandis qu'un des héros de films d'action les plus célèbres du monde était à plat ventre, en train d'essayer de faire sortir les pauvres petits diables de leur cachette sous un sofa.

Par la suite, tout le monde a convenu que des foyers plus appropriés devraient être trouvés pour les chatons mâles. Mais qu'en était-il de la sensible et docile version miniature de leur génitrice himalayenne ? Au fond du cœur, je pense que personne ne voulait se résoudre à la voir partir. Elle était donc en sécurité pour l'instant.

Comme beaucoup de félins, on me connaît sous plusieurs noms. À l'Himalaya Book Café, on m'appelle Rinpoché. Dans les cercles officiels de Jokhang, où Sa Sainteté le dalaï-lama est désigné sous le nom de SSDL, j'ai reçu le titre formel de CDSS, le chat de Sa Sainteté. Ma petite fille suivrait bientôt. On lui donnerait l'appellation officielle de PCSS, le petit chat de Sa Sainteté. Mais le nom qui importait le plus à mes yeux est celui qui lui serait donné par Sa Sainteté elle-même. Un jour ou deux après le départ de mes garçons, il a pris mon bébé dans sa main et l'a fixé droit dans les yeux, de ce regard d'amour pur qui fait rayonner notre être tout entier.

— Si belle, tout comme sa mère ! a-t-il murmuré en caressant son minuscule visage avec son index. N'es-tu pas la petite des neiges ?

Pendant les quelques semaines qui ont suivi, il n'y avait que nous trois : Sa Sainteté ; moi, sa lionne des neiges ; et ma fille, la petite des neiges. Au petit matin, quand je me levais pour me lover contre Sa Sainteté pendant qu'elle méditait, la petite des neiges se levait aussi et venait se blottir dans la chaleur de mon corps. Quand je traversais le bureau des adjoints exécutifs, elle venait avec moi, puis miaulait jusqu'à ce qu'ils la prennent et la placent sur leur bureau, où elle adorait donner des coups de patte à leurs stylos, jusqu'à ce qu'ils aboutissent au bord du bureau, puis elle les effleurait allègrement pour qu'ils tombent par terre. Un jour, Tenzin, qui était assis à l'opposé de Chogyal et qui est un fervent amateur de thé vert, s'était absenté de son bureau et y avait laissé son verre de thé. À son retour, il avait trouvé PCSS en train d'essayer d'y laper. Elle ne s'était pas arrêtée en le voyant approcher, ni même lorsqu'il s'était assis sur sa chaise, avait posé les coudes sur son bureau, puis l'avait observée de près.

— Je suppose qu'il n'y a plus de chance que j'en boive, n'est-ce pas PCSS ? demanda-t-il sèchement.

PCSS a levé la tête, une expression d'émerveillement dans ses yeux écarquillés. Mais Tenzin n'était-il pas spécialement là pour son propre amusement ?

Puis un jour, Lobsang, le traducteur de Sa Sainteté, a rappelé au dalaï-lama un engagement passé.

— La reine du Bhoutan m'a demandé de vous transmettre ses amitiés sincères, Votre Sainteté, lui dit-il un après-midi où ils venaient de finir une transcription.

— Très bien. J'ai beaucoup apprécié sa visite. Veuillez lui faire parvenir mes meilleurs vœux, fit Sa Sainteté en souriant.

— Elle s'est également informée au sujet de CDSS, poursuivit Lobsang en hochant la tête.

— Ah, oui. Je me souviens de la petite lionne des neiges assise sur ses cuisses. Assez inhabituel.

Il s'était retourné pour voir où j'étais lovée avec la petite des neiges sur la couverture d'ouatine beige qu'il avait placée sur le rebord de la fenêtre après l'arrivée des chatons.

— Votre Sainteté se rappelle sans doute qu'elle a demandé d'adopter un chaton de CDSS, si jamais l'occasion se présentait.

Le dalaï-lama s'est arrêté un moment, avant de regarder Lobsang dans les yeux.

— C'est exact. Je pense qu'elle espérait un chaton avec le bon… comment on dit ça ?

— Pedigree ? suggéra Lobsang.

— Nous n'avons jamais été capables de retracer d'où venait CDSS. La famille qui possédait la mère, à Delhi, avait déménagé. Quant au père de ses chatons…, poursuivit Sa Sainteté.

Les deux hommes ont échangé un sourire.

— Mais…

Sa Sainteté a continué très doucement, suivant le regard de Lobsang jusqu'à ce qu'il le pose sur la petite forme près de moi.

— La petite des neiges ressemble beaucoup à sa mère. Et une promesse est une promesse.

En l'espace d'une semaine, la petite des neiges avait disparu. Lobsang, qui voyageait de nouveau au Bhoutan pour les vacances, l'avait prise avec lui. Pour moi, la satisfaction de voir qu'elle avait rejoint l'un des meilleurs foyers imaginables était de loin supérieure à la tristesse engendrée par son départ, et à la réalité de me retrouver seule sur mon rebord de fenêtre.

Dans sa compassion si caractéristique, Sa Sainteté avait déplacé la couverture beige sous une chaise de notre chambre à coucher, de sorte que je ne me rappelle pas la perte de ma petite fille chaque fois que je sautais sur le rebord de la fenêtre. Mais je pouvais encore m'y lover sous la chaise et humer l'odeur de la petite des neiges et de ses frères, et voir quelques mèches de leur fourrure — de petits filaments blancs entrelacés de brun. Certains matins, plutôt que de m'asseoir près de Sa Sainteté pour méditer, je me dirigeais vers la couverture d'ouatine et je m'y installais, absorbée par mes rêveries des moments du passé. Et il y avait d'autres heures de la journée où, n'ayant rien de plus intéressant pour occuper mes pensées, je revenais à la couverture et à mes souvenirs, aussi doux-amers fussent-ils.

Maintenant, avec le nettoyage de printemps qui battait son plein, on m'enlevait même ma couverture.

✷

Un jour ou deux après le grand nettoyage de nos appartements par Chogyal, je décidai de suivre Serena lorsqu'elle quittait l'Himalaya Book Café. Elle répétait le même scénario tous les jours. À 17 h 30, elle disparaissait dans le bureau de la direction, une petite pièce à côté de la cuisine, puis réapparaissait environ dix minutes plus tard dans ses vêtements de yoga — faits de coton biologique noir importé —, ses cheveux tirés vers l'arrière en une queue de cheval. Au lieu de sortir par l'entrée principale du restaurant, elle se faufilait à travers la cuisine et passait par la porte arrière, empruntant la ruelle jusqu'à cette route sinueuse que je ne connaissais que trop bien.

De temps en temps, Serena parlait du yoga sur un ton si révérencieux qu'on ne pouvait douter de toute l'importance qu'elle lui accordait ; sa présence aux cours, chaque soir, était non négociable. Depuis son retour en Inde, elle s'était donné pour objectif d'atteindre un plus grand équilibre dans sa vie et, ce faisant, elle avait souscrit un voyage d'autodécouverte qui comprenait non seulement des banquets indiens, mais des questions beaucoup plus profondes à propos de ce qu'elle voulait faire de sa vie, ainsi que l'endroit où elle voulait le faire. En raison de ma curiosité féline habituelle, sans compter toutes les soirées libres dont je disposais maintenant que Sa Sainteté était partie, je me suis demandé ce qui donnait au yoga un effet aussi puissant. Le *yoga* n'était-il pas simplement un nom donné par les humains à la variété de contorsions corporelles auxquelles ils tentaient de s'astreindre, ceci de façon considérablement inférieure à ce que nous, les chats, réalisons sans grands efforts ?

Suivre le rythme de Serena tandis qu'elle approchait du haut de la colline mettait à rude épreuve mes cannes chancelantes. Mais la détermination compensait le manque de force physique. Aussi, peu après qu'elle bifurqua vers un modeste bungalow aux gouttières ornées de drapeaux tibétains décolorés, je la suivis à l'intérieur.

L'entrée principale était entrebâillée et donnait sur un petit couloir où il y avait une énorme étagère à chaussures, en grande partie vide, ainsi qu'un grisant parfum de cuir de chaussure, de transpiration et d'encens au Nag Champa.

Un rideau en perles séparait le hall du studio de yoga. Au-dessus, une enseigne qui affichait le nom « École de yoga du Chien tête en bas » en lettres délavées. Après m'être frayé un chemin à travers les cordons de perles, je me suis retrouvée dans une pièce très grande. À l'autre extrémité, un homme tenait la posture que je connaîtrais plus tard sous le nom de *Virabhadrasana II*, la deuxième posture du guerrier. Les bras bien étendus à la hauteur des épaules, sa posture était majestueuse, sa silhouette se profilant devant la vue panoramique sur l'Himalaya. À travers les portes grandes ouvertes, on pouvait voir les sommets enneigés qui reflétaient le coucher de soleil, lequel couronnait à son tour les crêtes d'une lueur dorée.

— Nous semblons avoir un visiteur, dit l'homme d'une voix mûre qui trahissait un faible accent allemand.

Ses cheveux blancs étaient rasés près du crâne et, en dépit de son âge apparent, il faisait preuve d'une grande souplesse. Son visage était bronzé et avait résisté à l'épreuve du temps ; quant à ses yeux, ils étaient d'un bleu vibrant. Je me suis demandé comment il avait su que j'étais dans la pièce, jusqu'à ce que je m'aperçoive qu'un mur du studio était entièrement recouvert de miroirs et qu'il m'avait vue entrer par le rideau de perles.

Dehors, sur le balcon, Serena s'était retournée et m'avait aperçue.

— Oh, Rinpoché, tu m'as suivie !

Marchant vers moi, elle dit à l'homme à la posture du guerrier :

— Cette petite féline passe beaucoup de temps au café. J'imagine que vous ne laissez pas les chats entrer à l'intérieur du studio… Est-ce permis ?

L'homme a pris une pause avant de répondre.

— Pas en règle générale. Mais j'ai l'impression que votre amie est plutôt spéciale.

Je ne savais vraiment pas pourquoi il ressentait ça, mais j'étais heureuse de le prendre comme une autorisation à rester. Sans plus de cérémonie, je sautai à pieds joints sur un tabouret en bois près d'une étagère à couvertures, au fond de la pièce. C'était l'endroit idéal pour observer sans être observée.

En regardant autour de la pièce, je remarquai une petite photo noir et blanc encadrée au mur. C'était le portrait d'un Lhassa apso, cette race dont Kyïe Kyïe était également issu. Populaires parmi les Tibétains, les Lhassa apso servaient traditionnellement de sentinelles dans les monastères, alertant les moines de la présence d'intrus. Aussi me suis-je demandé si ce Lhassa apso, en particulier, n'était pas celui auquel l'École de yoga du Chien tête en bas devait son nom.

D'autres personnes commençaient à arriver pour le début du cours. En grande partie composé d'expatriés, auquel s'étaient greffés quelques Indiens, le groupe d'hommes et de femmes semblait réservé aux individus de 30 ans et plus. Ces derniers affichaient une certaine conscience, une sorte d'équilibre indéfinissable. Couchés sur des tapis, des coussins et des couvertures de yoga, ils étaient étendus sur le dos, les yeux fermés et les jambes collées ensemble, comme s'ils personnifiaient les rangées de poulets ligotés que j'avais l'habitude de voir au marché.

Après un certain temps, l'instructeur, que les gens appelaient *Ludo*, se posta devant le groupe et s'adressa à la vingtaine d'étudiants, de sa voix douce, mais claire.

— Le yoga, c'est la *vidya*, dit-il. En sanskrit, cela veut dire qu'on vit la vie telle qu'elle est, et non comme on voudrait qu'elle soit. Pas la vie *si seulement* ceci était différent, ou *si seulement* je pouvais faire ça.

» Comment pratiquons-nous alors le yoga ? En sortant de nos têtes et en vivant le moment présent. Le seul moment qui existe vraiment, c'est ici et maintenant.

Par les portes ouvertes du studio nous venait le cri aigu des martinets, qui montaient et piquaient du nez dans la fin de l'après-midi. Des accords de musique hindi et des cliquetis de casseroles s'élevaient des maisons en contrebas, mêlés aux arômes des repas du soir.

— Ancrés dans l'ici et le maintenant, continuait Ludo, nous reconnaissons que dans chaque moment qui passe, tout est plénitude. Tout est interconnecté. Mais nous ne pouvons en faire directement l'expérience jusqu'à ce que nous nous libérions de nos pensées et que nous nous détendions, que nous reconnaissions que tout doit mener à cet instant, ici et maintenant, seulement parce que tout le reste est comme il se doit.

» Détendez-vous dans une conscience ouverte, dit Ludo à ses étudiants. L'unification de la vie, c'est le yoga.

✷

Ludo a ensuite invité la classe à exécuter une série d'asanas, ou de postures, certaines debout, d'autres assises ; certaines dynamiques, d'autres plus détendues.

Le yoga, me suis-je rendu compte, ne visait pas seulement à développer la flexibilité du corps. C'était bien plus que ça.

De pair avec ses instructions sur la façon de se plier et de s'étirer, Ludo distribuait des trésors de sagesse qui dépassaient le seul cadre de l'exercice physique.

— Nous ne pouvons pas travailler le corps à moins que nous ne travaillions également l'esprit. Lorsque nous tombons sur des constrictions (des obstacles dans notre pratique physique), nous découvrons que la physiologie est le miroir de la psychologie. L'esprit et le corps peuvent se coincer dans certains canaux, ce qui crée de l'inconfort, du stress et de la rigidité.

Quand un des hommes mentionna qu'il ne pouvait pas se plier et placer ses paumes sur le plancher parce que ses tendons étaient trop serrés, Ludo lui fit remarquer :

— Les tendons, oui. Pour certains, c'est un défi. Pour d'autres, c'est la capacité de se tourner ou de s'asseoir confortablement en tailleur. Les désagréments de la vie se manifestent sous plusieurs formes différentes. Ils s'expriment différemment pour chacun de nous. Mais le yoga nous fournit l'espace dont nous avons besoin pour être libres.

Tandis qu'il marchait entre les rangées d'étudiants, apportant des ajustements subtils à leurs postures, il poursuivit :

— Au lieu de tourner en rond et de renforcer les mêmes habitudes inconscientes du corps et de l'esprit, recourez à votre conscience. N'essayez pas d'éviter la rigidité en optant pour une pose de compromis ; respirez plutôt à travers elle ! Non pas avec force, mais avec sagesse. Utilisez votre respiration pour créer de l'ouverture. Une respiration après l'autre, un changement subtil est possible. Chaque respiration est une étape vers la transformation.

Je suivais le cours avec grand intérêt depuis mon tabouret au fond de la salle, heureuse de passer inaperçue. Mais quand Ludo demanda à ses étudiants d'exécuter une torsion assise, vingt têtes se sont soudainement retournées et m'ont fait face. Immédiatement, il y a eu des sourires et quelques rires étouffés.

— Ah, oui, voici l'invitée spéciale de la soirée, a dit Ludo.

— Tout ce poil blanc ! a hurlé quelqu'un.

— Les yeux bleus, disait un autre.

Puis, alors que vingt paires d'yeux étaient rivées sur moi, un homme a fait remarquer :

— Il doit être Swami.

Cela provoqua des éclats de rire, tandis que la classe se remémorait ce sage régional dont le portrait apparaissait dans toute la ville.

Soulagée de voir qu'ils changeaient de posture, je me suis sentie observée une autre fois quand tout le monde s'est tourné vers moi dans la direction opposée.

À la fin du cours, tandis qu'ils étaient étendus sur leur tapis en *Savasana,* la posture du cadavre, Ludo dit à ses étudiants :

— Sous certains aspects, c'est la posture la plus difficile de toutes. Elle calme le corps et l'esprit. Essayez de ne pas prêter attention à chacune de vos pensées. Reconnaissez simplement que la pensée est là, acceptez-la, puis laissez-la aller. Nous pouvons en découvrir bien plus dans l'espace entre chaque pensée qu'en étant absorbés dans l'élaboration de concepts. Dans la tranquillité, nous découvrons qu'il y a d'autres manières de connaître des choses que par l'intellect.

Après le cours, tandis que les étudiants rangeaient leurs couvertures, leurs blocs et leurs coussins, quelques-uns ont fait une pause pour me parler. Alors que certains retournaient dans le couloir pour mettre leurs chaussures et partir, la plupart se sont rassemblés sur le balcon, de l'autre côté des portes coulissantes. Un assortiment de chaises aux coussins éclatants, ainsi que quelques sièges poires étaient étendus le long d'un tapis indien délavé qui faisait la longueur du balcon. À une table où s'entassaient les tasses et les verres, quelqu'un versait l'eau et le thé tandis que les étudiants se mettaient à l'aise dans ce qui semblait être une activité « après-yoga » habituelle.

Les chats n'étant pas très friands du bruit ou du mouvement, j'ai attendu qu'ils soient tous assis avant de me laisser silencieusement glisser du tabouret et de me frayer un chemin jusqu'à Serena sur le balcon. Les derniers rayons du soleil couchant donnaient aux montagnes une vive couleur de corail.

— Essayer de respirer en dépit de l'inconfort en faisant du yoga n'est pas évident, dit une femme à la voix rocailleuse du nom de Merrilee.

Elle avait rejoint la classe presqu'à la fin, comme si elle n'était venue que pour le volet social de la soirée. Et était-ce mon imagination, ou avait-elle subrepticement versé quelque chose dans son verre…

— Mais qu'en est-il si nous ne faisons pas de yoga, mais que nous devons faire face à des problèmes ? demanda-t-elle.

— Tout a à voir avec le yoga, lui dit Ludo. Habituellement, nous réagissons aux défis de manière attendue, soit avec colère, soit en tentant de les éviter. En respirant à travers une épreuve, nous pouvons arriver à une réponse plus utile.

— Mais la colère ou l'évitement ne sont-ils pas parfois une réaction utile ? demanda Ewing, un Américain qui résidait à McLeod Ganj depuis un bon moment.

De temps en temps, Ewing visitait l'Himalaya Book Café, où on disait qu'il s'était réfugié en Inde après qu'une sorte de tragédie lui fut arrivée à la maison. Pendant plusieurs années, il avait joué du piano dans le hall du New Delhi's Grand Hotel.

— Une *réaction* est automatique, habituelle, dit Ludo. Une *réponse* est un geste considéré. C'est la différence. Ce qui est important, c'est de créer de l'espace pour s'ouvrir aux possibilités qui vont au-delà de l'ordinaire, lequel nous sert rarement bien. La colère n'est jamais une réponse éclairée. Nous pouvons nous montrer courroucés — parler sur un ton faussement fâché pour arrêter un enfant sur le point de marcher près du feu, par exemple —, mais c'est très différent de la vraie colère.

— Le problème, a fait observer un grand Indien assis à côté de Serena, c'est que nous ne bougeons plus de notre zone de confort, même lorsqu'elle n'est pas très confortable.

— On s'accroche à ce qui est familier, a convenu Serena. Aux choses qui nous ont donné tant de bonheur, mais qui ne nous en donnent plus.

Je l'ai regardée avec étonnement. Je pensais à la couverture d'ouatine beige et à quel point les souvenirs si heureux qu'elle évoquait se mêlaient maintenant à de la tristesse.

— Le Shantideva, le sage bouddhiste indien, parle de lécher du miel sur le bord d'une lame, dit Ludo. Peu en importe la douceur, le prix à payer est bien plus élevé.

— Alors comment savons-nous, a poursuivi Serena, qu'une chose qui nous était si bénéfique dans le passé ne l'est plus ?

Ludo l'a regardée avec des yeux si clairs qu'ils semblaient presque argent.

— Lorsque cette chose nous fait souffrir, a-t-il simplement répondu. *Souffrir* vient du mot latin *porter*. Et tandis que la douleur est parfois inévitable, la souffrance ne l'est pas. Par exemple, nous pouvons avoir une relation très heureuse avec quelqu'un, puis nous perdons cette personne. Nous ressentons bien sûr de la douleur : c'est naturel. Mais quand nous continuons à porter cette douleur, à nous sentir constamment privés de quelque chose, c'est de la souffrance.

Il y eut une pause, le temps que chacun absorbe ce qui venait d'être dit. Alors que le crépuscule s'intensifiait, les montagnes n'apparaissaient plus qu'indistinctement au loin, les ombres menaçantes écumant un rose vif, comme le glaçage sur les petits gâteaux de Mme Trinci.

— Je pense parfois que le passé est un endroit dangereux pour y chercher le bonheur, dit l'homme indien à côté de Serena.

— Vous avez raison, Sid, a convenu Ludo. Les seules fois où nous pouvons éprouver le bonheur, c'est dans le moment présent, l'ici et maintenant.

Plus tard, les étudiants ont commencé à vider les lieux. Serena est sortie avec plusieurs autres, et je l'ai suivie dans le hall.

— Je vois que la petite Swami est avec vous, a fait observer une des femmes en enfilant ses chaussures.

— Oui. Nous nous connaissons bien. Elle passe beaucoup de temps au café. Je l'y ramène d'ailleurs à l'instant, a dit Serena en me prenant dans ses bras.

— Quel est son vrai nom ? a demandé une autre.

— Oh, c'est un chat aux noms multiples. Partout où elle va, elle semble en avoir de nouveaux.

— Alors, aujourd'hui n'y fait pas exception, a fait remarquer Sid.

Puis, il a pris une marguerite jaune d'un vase traînant dans le couloir, il l'a façonnée en une guirlande de fleurs qu'il a placée autour de mon cou.

— Je me prosterne devant toi, petite Swami, a-t-il continué en portant ses mains douces et manucurées à son cœur.

En regardant dans ses yeux, j'ai vu une grande tendresse. Il a ensuite ouvert la porte pour Serena et nous avons regagné ensemble le bas de la colline.

— Nous sommes privilégiés d'avoir un professeur si merveilleux, a dit Serena.

— En effet, Ludvig, je veux dire Ludo, est exceptionnel, a admis Sid.

— Ma mère dit qu'il vivait déjà à McLeod Ganj quand je suis née.

— Oui, depuis le début des années 1960. Il est venu à la demande d'Heinrich Harrer.

— L'auteur de *Sept ans d'aventures au Tibet* ? a demandé Serena. Le tuteur du dalaï-lama ?

— C'est exact. Heinrich a présenté le dalaï-lama à Ludo peu après qu'il soit arrivé à McLeod Ganj. On dit que Sa Sainteté et lui sont de bons amis. En fait, c'est Sa Sainteté qui a encouragé Ludo à aménager un studio de yoga.

— Je ne savais rien de tout ça, a fait Serena.

Jetant un coup d'œil vers Sid, elle a constaté à quel point il était au courant des affaires locales. Après quelques instants, elle a décidé de tester ses connaissances davantage.

— Il y a un homme qui marche derrière nous. Il porte une veste foncée et un chapeau de feutre, a-t-elle dit à voix basse. Quelqu'un m'a dit qu'il était le Maharajah d'Himachal Pradesh. Est-ce vrai ?

Ils ont continué à descendre la côte pendant un moment avant que Sid ne jette discrètement un coup d'œil au-dessus de son épaule.

— J'ai entendu la même chose.

— Je l'ai vu assez souvent dans les parages, a poursuivi Serena.

— Moi aussi. Peut-être est-ce l'heure à laquelle il marche habituellement ?

— Ça se pourrait bien.

Le lendemain, je trottinais le long du couloir de l'aile exécutive quand Lobsang m'a apostrophée.

— CDSS ! Viens ici, ma petite ! Il y a quelque chose que tu aimerais voir.

Je l'ai ignoré, bien entendu. Nous, les chats, sommes peu enclins à nous prosterner devant chaque réclamation, supplication ou humble prière faite par les êtres humains. À quoi bon ? Vous êtes tellement plus reconnaissants quand nous finissons éventuellement par vous donner un os à ronger — si vous m'excusez la puanteur canine que dégage cette métaphore particulière.

Cependant, Lobsang ne devait pas s'en émouvoir, car quelques instants plus tard, j'étais soulevée, apportée à son bureau, puis placée sur sa table de travail.

— Je suis sur Skype avec le Bhoutan, a-t-il dit, et j'ai repéré quelqu'un que tu aimerais sans doute voir.

L'écran de son ordinateur montrait une pièce somptueusement aménagée et, d'un côté de la pièce, une banquette sur laquelle un chat himalayen se trouvait, couché sur le dos et exposant son ventre au soleil. Sa tête était inclinée vers l'arrière, ses yeux fermés, et ses jambes et sa queue touffue étaient déployées dans ce que Ludo pourrait appeler « la posture de l'étoile de mer ». Pour les chats, c'est la posture la plus vulnérable, la plus confiante et la plus à même d'exprimer le contentement.

Ça m'a pris quelques instants avant de me rendre compte que… cela se pouvait-il vraiment ? Oui, c'était elle ! Elle avait tellement grandi !

— Son titre officiel est CDAR, chat de son Altesse royale a précisé Lobsang. Et ils me disent qu'elle est autant adorée au palais que tu l'es ici à Namgyal.

J'observais le ventre de la petite des neiges monter et descendre tandis qu'elle somnolait au soleil, me rappelant à quel point j'avais été malheureuse quelques jours plus tôt quand Chogyal avait enlevé la couverture beige de la chambre à coucher et, avec elle, tous les souvenirs tendres de ma petite fille.

Je m'étais sentie dépossédée de quelque chose.

Depuis, j'en étais venue à comprendre que ma tristesse ne m'avait pas été infligée par Chogyal mais, involontairement, par moi-même. En me vautrant dans mes propres souvenirs nostalgiques, en passant tellement de temps à penser à une relation qui s'était éteinte, j'avais inutilement porté une douleur. De la souffrance.

Pendant ce temps, la petite des neiges s'était habituée à une nouvelle vie en tant que chat bien-aimé du palais de la reine du Bhoutan. Une mère pouvait-elle souhaiter davantage pour son enfant ?

Je me suis retournée pour me rapprocher de Lobsang, puis je me suis penchée pour masser ses doigts avec mon visage.

— CDSS ! s'est-il exclamé. Tu n'as jamais fait ça avant !

Pendant qu'il répondait en me grattant le cou, j'ai fermé les yeux et je me suis mise à ronronner. Ludo avait raison : le bonheur ne se trouvait pas dans le passé. Il ne consistait pas à essayer de revivre des souvenirs, aussi séduisants soient-ils.

Il ne pouvait être ressenti qu'en ce moment, ici et maintenant.

Chapitre 3

Qu'arriverait-il, cher lecteur, si vous deviez réaliser votre rêve le plus cher ? Si vous deviez satisfaire vos ambitions au-delà de vos espoirs les plus fous ?

Il n'y a aucun mal à envisager cette perspective heureuse, ne pensez-vous pas ? Imaginez, par exemple, que vous ouvrez la porte d'entrée d'une belle maison et que vous découvrez votre famille à l'intérieur, un portrait idyllique de félicité et d'harmonie familiales, avec en plus des arômes délicieux qui s'élèvent de la cuisine, et aucune chamaille pour la télécommande du téléviseur.

Ou, dans mon cas, s'aventurer dans la chambre froide de la cuisine en bas et découvrir 10 000 portions de foie de poulet coupé en dés de Mme Trinci, en parfaite condition et n'attendant que ma plus grande délectation.

Quel cadre enchanteur ! Quelle image fascinante !

Nous ne nous doutions pas à l'Himalaya Book Café que quelqu'un qui avait accompli quelque chose de tout aussi exceptionnel était sur le point d'intégrer notre monde.

Nous l'avions à peine remarqué au début. Le hasard a voulu que son arrivée coïncide avec une de mes apparitions de fin de matinée. C'est peu après 11 heures, alors que je descendais la côte depuis Jokhang, que je suis tombée sur l'individu, qui marchait à grands pas vers le café. Il avait l'air sévère et d'une cinquantaine d'années, avec des cheveux auburn qui grisonnaient aux tempes, un visage anguleux, des sourcils hérissés et un regard inquisiteur. Il y avait un contraste marqué entre son visage ridé, qui avait du vécu, et son costume dispendieux — veston crème ligné, pantalon crème, montre en or brillante. Il marchait plus rapidement que la plupart des touristes et transportait plusieurs guides sur les attraits touristiques du nord-ouest de l'Inde.

Je me frayai un chemin jusqu'au café et fis une pause pour coller mon nez sur ceux de Marcel et de Kyïe Kyïe dans leur panier sous le comptoir. Avec le départ de Franc et l'arrivée de Serena et de Sam, c'était comme si un fil invisible nous avait tissés encore plus serrés, nous les habitués non humains du café. Le fait d'avoir traversé tous ces changements ensemble nous avait donné une expérience commune, un lien mutuel. Toutefois, cela n'a jamais dépassé le stade du simple contact nasal et d'un entretien courtois. Vous ne vous attendiez quand même pas à ce que je m'installe dans leur panier avec eux, non ? Je ne suis pas ce genre de chat, et, cher lecteur, ce n'est certainement pas ce genre de livre non plus !

Prenant ma position habituelle sur le porte-magazines, j'observai notre visiteur élégamment vêtu tandis qu'il se mettait à l'aise sur l'une des banquettes à proximité. Interpellant un serveur d'une main impérieuse, ses origines écossaises ne firent plus aucun doute lorsqu'il ouvrit la bouche :

— Avez-vous commencé à servir le déjeuner ?

Sanjay, un jeune serveur à la mine fraîche, dans un uniforme blanc et pimpant, hocha la tête.

— Je prendrais un verre de votre sauvignon blanc, demanda le visiteur.

Ses guides de voyage étalés sur la table devant lui et un téléphone portable sorti de sa poche, il parut bientôt occupé à chercher des plans de voyage, à contre-vérifier de l'information parmi différents guides et à les stocker dans son téléphone.

Quand le verre de sauvignon blanc est arrivé, il prit une petite gorgée, faisant tourner le liquide dans sa bouche avec une expression d'exploration. Par la suite, il n'a pas vraiment bu le vin ; il l'a aspiré. Quatre petites gorgées, et quelques minutes plus tard, son verre était vide.

Ce fait n'avait pas échappé à l'attention du maître d'hôtel Kusali, dont l'omniscience était légendaire. Il envoya Sanjay avec la bouteille de sauvignon blanc afin de remplir le verre du visiteur. Un troisième, puis un quatrième verre ont suivi avant que le visiteur ne demande l'addition, remballe ses livres, et quitte les lieux.

Il s'était écoulé une demi-heure quand les événements ont pris une tournure inhabituelle. Levant les yeux de mon propre festin du midi — une délicieuse portion de saumon fumé coupée en petites lanières délicates —, qui ne devais-je pas voir à l'entrée du café, sinon le même homme, cette fois accompagné de son épouse.

Femme d'âge mûr, au visage aimable, et portant des chaussures confortables, elle jeta un coup d'œil au café avec une expression de contentement — une à laquelle nous étions tous habitués. Bon nombre d'Occidentaux, avant qu'ils ne débarquent à McLeod Ganj depuis Delhi, étaient déjà submergés par l'Inde, son chaos, ses foules, sa pauvreté, son trafic et son ambiance mortifiante. Cependant, au moment où ils traversaient les portes de l'Himalaya Book Café, ils se trouvaient dans un décor complètement différent. À la droite du comptoir de réception richement orné, le café avait un aspect classique et tamisé, avec des nappes blanches, des chaises en rotin, et une grosse machine à expresso en laiton. Des tentures bouddhistes tibétaines richement brodées, ou *thangkas,* ornaient les murs. À la gauche du comptoir et un peu plus haut se trouvait la section librairie avec ses rayons bien garnis, entremêlés de cartes somptueuses, d'objets façonnés à l'himalayenne et d'autres cadeaux souvenirs. Il s'agissait d'une fusion exotique entre le chic naturel européen et le mysticisme bouddhiste.

Plusieurs visiteurs, lorsqu'ils entraient pour la première fois, poussaient un soupir de soulagement.

Toutefois, l'épouse du visiteur n'était pas aussi emphatique. Pendant qu'elle regardait impatiemment son mari, elle semblait espérer que le café lui conviendrait — ce qui était le cas. Et même à la perfection !

S'avançant pour les accueillir, Kusali leur indiqua une table près d'une fenêtre, là où le mari étudia le menu et la carte des vins comme si c'était la première fois, avant de commander précisément la même bouteille de vin. Cette fois, il sirota son sauvignon blanc avec un peu plus de retenue. Néanmoins, durant l'heure du déjeuner, il descendit presque toute la bouteille en ne comptant que sur l'aide minimale de son épouse.

En regardant de loin, je sentis quelque chose d'étrange dans leur façon d'être ensemble. Il y avait de longues pauses dans leur conversation, des interruptions pendant lesquelles ils regardaient partout, sauf vers l'autre, puis lorsqu'ils reprenaient leur échange, c'était pour s'arrêter presque aussitôt.

La plupart des visiteurs occidentaux ont des itinéraires si chargés qu'ils ne visitent le café qu'une ou deux fois durant un bref séjour. Mais pas notre élégant ami et son épouse. Le lendemain matin à 11 heures, moment consacré pour commencer à servir de l'alcool, il est arrivé au café, a pris place sur une banquette, et a commandé un verre de sauvignon blanc. Prévoyant une reprise des événements de la veille, Kusali s'est avancé gracieusement, a personnellement versé le vin au visiteur, puis a suggéré :

— Aimeriez-vous que j'apporte un seau à vin à votre table, monsieur ?

Tout bien pesé, le visiteur décida que c'était une bonne idée. Remplissant lui-même son verre pendant qu'il feuilletait une brochure de voyage avec légèrement moins d'intérêt que la veille, il avala bientôt tout le contenu de la bouteille.

De nouveau, une demi-heure après être parti, il réapparut à l'entrée du café avec son épouse, précisant cette fois à Kusali, qui était à la réception, qu'ils avaient tellement apprécié leur visite de la veille qu'ils avaient décidé de revenir. Le toujours très diplomatique Kusali sourit poliment, tandis que cette version officielle des événements, quoique légèrement révisée, était établie.

Cher lecteur, me croirez-vous si je vous disais que le récit exact des événements, un genre de *Jour de la marmotte*, s'est reproduit le matin suivant ? Enfin, peut-être pas exactement… Le troisième jour, le visiteur marcha directement jusqu'à « sa » banquette, à 11 heures, après quoi Kusali envoya un serveur lui porter son vin préféré dans un seau à glace. Serena, qui avait été en visite à Delhi les deux derniers jours pour commander du nouvel équipement de cuisine, avait observé la scène et approché Kusali quelques instants plus tard, les sourcils froncés. Pendant leur tête-à-tête, tandis que le visiteur fixait son téléphone portable avec une mine quelque peu abattue, Kusali lui indiqua qu'elle pouvait regarder en sa direction.

Elle se figea aussitôt. Mettant abruptement fin à sa conversation avec Kusali, elle se dirigea vers la librairie. Quelques instants plus tard, elle se tenait près de Sam, qui était devant son ordinateur derrière le comptoir.

— Est-ce que je peux utiliser Internet juste une minute ? demanda-t-elle de façon urgente.

— Bien sûr.

Tandis qu'il libérait son tabouret, elle lança rapidement un moteur de recherche. *Gordon Finlay*. Sam lut le nom tandis qu'elle le tapait dans le champ de recherche.

— Tu sais qui il est ? a-t-elle chuchoté.

Sam a secoué la tête.

— Je pense qu'il est là-bas, a-t-elle dit, en pointant la tête en direction de la banquette. Bagpipe Burgers.

Le visage de Sam s'est allumé.

— C'est lui ?

Les deux regardaient attentivement l'article de Wikipédia, lequel comprenait une photographie du fondateur de Bagpipe Burgers. Sam lut :

« Gordon Finlay a démarré un concept unique de bar à hamburgers à Inverness, en Écosse. Maintenant, l'une des plus grandes chaînes de restauration rapide dans le monde. » En faisant défiler le reste de la page, il souligna les points importants : « évaluée à un demi-milliard de dollars » ; « présence sur tous les marchés importants » ; « célèbres uniformes de tartan » ; « créateur du burger gourmet » ; « gage de qualité ».

— Est-ce lui ? interrompit Serena.

Sam étudia la photo devant eux avant de se retourner pour regarder celui qui était maintenant devenu un habitué du restaurant.

— Notre homme semble avoir… les joues moins flasques.

— Dr Bistouri, fit remarquer Serena en collant son index et son majeur ensemble.

— Sais-tu à quel point il a bu ces derniers jours ? lui demanda Sam.

— Risques collatéraux dans notre corps de métier.

Sam l'a regardée droit dans les yeux.

— Mais que fait-il à McLeod Ganj ?

— C'est ce que je me…

Elle prit le clavier et tapa autre chose, hochant la tête tandis qu'une autre page s'ouvrait à l'écran.

— Ouais. C'est arrivé quand j'ai quitté Londres. Il a encaissé 500 millions de dollars.

— Le gars là-bas ? a chuchoté Sam, les yeux écarquillés.

— Tout à fait.

Serena a serré son bras avant de s'éloigner du comptoir pour un autre coup d'œil discret.

— Les gens à Londres n'arrêtaient pas d'en parler. C'est le rêve de tout entrepreneur, et pour le domaine de la restauration, c'est une somme inimaginable. Soit les gens l'aiment, soit ils le détestent.

— De quel côté es-tu ?

— Je l'admire, bien entendu ! Ce qu'il a fait est étonnant. Il est entré dans un secteur fourmillant d'associations de mauvaise qualité, et il a créé quelque chose de véritablement différent. Les gens ont aimé cette formule, et ça a décollé. Il a fait un tas d'argent, mais il a travaillé extrêmement fort pendant vingt ans.

— Drôle de gars quand même, dit Sam en secouant la tête.

— Tu veux parler de ses multiples visites ?

— Pas seulement ça. Il passe des heures au cybercafé en bas de la rue.

C'était au tour de Serena d'avoir l'air étonnée.

Le cybercafé, qui recevait une clientèle presque entièrement locale, était sale, bondé et mal éclairé.

— Je le vois entrer là chaque matin.

Sam habitait un appartement au-dessus du café dont les fenêtres donnaient sur la rue.

— Il est là à partir de 8 heures le matin. Après quoi, il vient ici.

Au cours de la semaine qui suivit, Gordon Finlay faisait littéralement partie des meubles. Les quelques matins où il s'était absenté, la banquette arrière semblait curieusement vide. La première fois, lui et sa femme avaient été vus en train de monter à l'arrière d'un bus touristique qui amenait les visiteurs en excursion toute la journée dans la campagne environnante. L'autre fois, un serveur avait rapporté l'avoir vu en train de discuter avec Amrit, un des vendeurs qui tenaient boutique sous le chaos entremêlé des fils de téléphone qui longeaient la rue.

De tous les vendeurs, Amrit était le plus jeune et le moins populaire. Derrière ses haillons, il essayait d'intéresser les passants avec des boulettes frites qu'il sortait d'une casserole à la propreté douteuse. Ce que Gordon Finlay trouvait à cet être misérable était dur à deviner. Mais alors que Finlay manquait à la fois sa bouteille de vin et son déjeuner à l'Himalaya Book Café, Kusali regardait par la fenêtre et remarqua qu'Amrit n'était plus devant son étal.

Le mystère fut résolu le lendemain quand Amrit fut de retour à son poste, vêtu d'une salopette et d'une casquette jaune et rouge vif, sa casserole noircie ayant été remplacée par un wok barbecue argenté brillant, et une banderole cocasse flottant désormais à côté d'une enseigne : *Happy Chicken.* Tandis qu'il retournait les poitrines de poulet pour un nombre croissant de clients, Gordon Finlay se tenait derrière lui, dans sa veste couleur crème griffée, et lui donnait des instructions.

À 11 heures tapantes, Finlay était de retour au café.

Ce que Gordon Finlay faisait exactement à McLeod Ganj était devenu un sujet de supposition grandissant. Il n'avait quand même pas choisi cette petite ville modeste sur les contreforts de l'Himalaya comme point de départ pour une nouvelle chaîne de fast-food internationale ? Pourquoi venait-il ici seulement pour passer autant de temps à boire ? Ne serait-il pas plus agréable de faire cela ailleurs, en Italie ou dans le midi de la France ? Et à quoi rimait tout ce temps passé au cybercafé quand il aurait très bien pu surfer à partir du confort de son hôtel ?

Je suis heureuse, cher lecteur, de revendiquer un rôle essentiel dans ce qui a conduit à découvrir la réponse à toutes ces questions. Comme la plupart des développements étranges de la vie, celui-ci n'a pas résulté d'une action délibérée de ma part. Ma simple et évidemment irrésistible présence était tout ce qu'il fallait pour libérer un flot inattendu d'émotions refoulées.

Occupant ma place habituelle au café, j'avais adopté ce que Ludo aurait pu appeler la « pose Mae West », étendue sur le côté, la tête appuyée sur ma patte avant droite. On s'approchait de l'heure où Gordon Finlay faisait habituellement la première de ses deux apparitions quotidiennes. Mais quand j'ai levé les yeux de là où j'avais commencé à toiletter la fourrure blanche et pelucheuse de mon ventre, qui est apparu à la porte ? Mme Finlay elle-même. Elle a impatiemment inspecté le restaurant avant de se diriger vers la librairie. Elle ne s'était jamais aventurée aussi loin auparavant ; elle et son mari occupaient habituellement la même table près de l'entrée. Elle avait presque atteint le porte-magazines quand Serena l'approcha.

— Je cherche mon mari, lui dit Mme Finlay. Nous sommes venus ici à quelques reprises.

Serena hocha la tête avec un sourire.

— C'est devenu son endroit préféré à Dharamsala, et j'espérais que…, dit-elle alors que sa lèvre inférieure tremblait.

Puis elle prit une grande respiration afin de se calmer.

— J'espérais pouvoir le trouver ici.

— Nous ne l'avons pas vu aujourd'hui, a répondu Serena. Mais vous pouvez très bien l'attendre ici.

Elle faisait un geste vers la banquette du fond, celle où Gordon Finlay dégustait sa bouteille de vin matinale, quand, pour la première fois, Mme Finlay regarda l'étagère sur laquelle je me toilettais.

Me sentant observée, je regardai directement en sa direction.

— Oh, mon Dieu !

La contenance déjà fragile de Mme Finlay était encore une fois menacée.

— Tout comme notre petite Saphir.

S'avançant vers moi, elle étendit le bras pour me caresser le cou.

Mon regard rencontra ses yeux rougis et je ronronnai.

— C'est Rinpoché, lui dit Serena.

Toutefois, Mme Finlay n'écoutait pas. Une première larme, puis une autre ont commencé à rouler sur une de ses joues. Mordant sa lèvre pour endiguer le flot, elle cessa de me caresser et fouilla dans son sac à main pour trouver un mouchoir. Mais c'en était trop. Dans les secondes qui suivirent, elle laissait échapper un gros sanglot d'émotions. Serena mit son bras autour d'elle et la guida doucement vers la banquette.

Pendant un moment, Mme Finlay pleura en silence dans son mouchoir. Serena fit un geste vers Kusali pour qu'il apporte un verre d'eau.

— Je suis désolée, s'est-elle excusée après un certain temps. Je suis tellement…

Serena l'a calmée.

— Nous avons déjà eu une petite comme elle, dit Mme Finlay en faisant des gestes en ma direction. Ça m'a ramenée en arrière il y a des années en Écosse. Saphir était si spéciale pour nous. Elle avait l'habitude de dormir sur notre lit toutes les nuits. Les choses étaient alors bien différentes.

Un serveur est arrivé avec un verre d'eau et Mme Finlay a pris une petite gorgée.

— Ils *sont* très spéciaux, a convenu Serena en jetant un coup d'œil en ma direction.

Mais Mme Finlay n'écoutait plus tandis qu'elle fixait la table et déposait son verre. Elle semblait pétrifiée… jusqu'à ce qu'elle se sente quelque part contrainte de confesser :

— Gordon, mon mari, *déteste* être ici.

Elle l'avait dit comme si elle venait de se décharger d'un terrible aveu.

Serena attendit un moment avant de lui dire :

— Ce n'est pas une réaction inhabituelle, vous savez. Pour les visiteurs occidentaux qui viennent ici, incertains de ce qu'ils cherchent, l'Inde peut s'avérer un véritable choc.

Mme Finlay a secoué la tête.

— Non, ce n'est pas ça. Nous connaissons bien l'Inde tous les deux.

Pour la première fois, elle soutint le regard de Serena.

— Gordon est venu ici plusieurs fois au fil des ans. C'est pourquoi il a choisi l'Inde pour passer le premier mois de notre retraite. Seulement… ça ne marche pas.

La présence compatissante de Serena semblait lui donner de la force, sa voix était de moins en moins cassée à mesure qu'elle continuait.

— Il n'a connu qu'un seul grand succès, voyez-vous, puis il a vendu son entreprise après avoir passé une vingtaine d'années à la mettre sur pied. Gordon est un homme qui travaille très dur. Il est déterminé. Vous ne pouvez pas imaginer tous les sacrifices qu'il a faits. Des années et des années à travailler dix-huit heures par jour. À se priver de vacances. À toujours devoir quitter les fêtes d'anniversaire, les soupers et les célébrations de famille avant les autres. « Ça en vaudra le coût, me disait-il toujours. Je prendrai ma retraite à un jeune âge et nous aurons le reste de la vie pour en profiter », croyait-il depuis toujours. Et je le croyais aussi. Peu importe combien de sacrifices nous devions faire, nous serions heureux quand…

Elle a semblé songeuse un moment, puis elle a poursuivi :

— Tout allait bien les premières semaines. C'était un homme transformé, libre de faire tout ce qu'il voulait. Mais ça n'a pas duré. Soudainement, il n'y avait plus aucun appel, message ou réunion. Aucune décision à prendre. Personne ne souhaitait savoir ce qu'il pensait. C'était comme si un élastique étiré au maximum avait soudainement été relâché.

» Quand il travaillait aussi frénétiquement, a-t-elle poursuivi, l'idée d'avoir tout le temps qu'il voulait lui semblait paradisiaque. Aujourd'hui, il trouve que c'est un terrible fardeau. Il n'a pas apporté son ordinateur portable, car cela faisait partie de son ancienne vie. Mais quand il part le matin — pour une promenade, dit-il —, je suis sûre qu'il va à l'un de ces cybercafés.

Mme Finlay regardait le visage de Serena, dont la neutralité ne donnait pas le moindre indice du fait qu'elle savait ses soupçons fondés.

— Et il boit. Il n'a jamais été comme ça avant : boire pendant la journée. Je sais que c'est parce qu'il s'ennuie et qu'il est malheureux. Il ne sait pas quoi faire de ses dix doigts. C'est ce qu'il a dit ce matin avant de quitter notre hôtel. Je ne l'ai jamais vu aussi triste.

Alors que des larmes lui montaient encore aux yeux, Serena lui serra le bras.

— Ça aussi, ça finira par passer, murmura-t-elle.

Ayant peur de ne pouvoir s'exprimer, Mme Finlay hocha simplement la tête.

Mme Finlay quitta le café peu après, et le couple ne vint pas pour le déjeuner ce jour-là. Seul le temps nous dirait comment elle et son mari pourraient surmonter leur déception inattendue, bien que le sujet du millionnaire malheureux ait été soulevé encore une fois au café ce soir-là.

On approchait de 23 heures, et la demi-douzaine de tables encore occupées en étaient rendues au café et au dessert. Serena regarda Sam derrière le comptoir de la librairie et attira son attention d'un geste interrogatoire. Il répondit en levant le pouce. Il ne restait plus qu'un flâneur dans le magasin : une paire de chevilles et le bas d'une robe rouge de moine dépassaient sous une des cloisons de la librairie.

Serena se dirigea vers la librairie pour le rituel de fin de journée. Deux têtes se soulevèrent du panier en osier sous le comptoir ; Marcel et Kyïe Kyïe se concentraient sur la direction prometteuse des pas de Serena.

Elle atteignit la dernière des quelques marches d'escalier qui menaient à la librairie au moment même où le dernier client quittait les lieux.

— Lobsang !

Elle le salua chaudement, s'avançant d'un pas pour l'embrasser. Lobsang était devenu un client régulier de la librairie, trouvant sur ses rayons une gamme de titres bouddhistes et d'ouvrages récents qui éclipsaient avantageusement ce qu'on offrait auparavant à Dharamsala. Et grâce au fait que lui et Serena se connaissaient depuis longtemps, elle avait insisté pour qu'on lui offre le plus gros rabais possible.

Depuis leurs premières années d'adolescence, quand ils s'étaient connus en travaillant comme commis à la cuisine de Mme Trinci, leurs vies avaient pris des trajectoires bien différentes. Alors que Serena était partie en Europe, Lobsang, dont l'intelligence incisive et les capacités linguistiques exceptionnelles avaient très tôt paru évidentes, avait gagné une bourse à Yale pour étudier la sémiotique. De retour en Inde pour travailler en tant que traducteur pour le dalaï-lama, il avait également évolué d'autres manières. En particulier, sa présence avait quelque chose d'apaisant, ce à quoi les autres personnes répondaient invariablement, en se calant parfois visiblement dans leurs fauteuils, en se détendant les épaules ou en esquissant un sourire.

— Sam et moi sommes sur le point de prendre un chocolat chaud. Aimerais-tu te joindre à nous ? demanda Serena.

Malgré toute la tranquillité de Lobsang, je remarquai que quelque chose au sujet de Serena avait provoqué un changement en lui. Il semblait trouver en sa compagnie une cause de grand amusement.

— Ce serait merveilleux, répondit-il avec enthousiasme, tandis qu'il la suivait vers les deux sofas.

Peu après, Kusali arrivait avec du chocolat chaud pour les êtres humains et une soucoupe de biscuits pour chien, laquelle il a tenue au-dessus de la table basse pendant un moment de suspense, excitant l'anticipation désespérée des chiens avant de la déposer avec un tintement pavlovien, déclenchant ainsi une bousculade frénétique vers la librairie.

Quant à moi, je suis descendue de mon étagère et j'ai étiré mes pattes arrière, desserrant une griffe, puis une autre, avant de traverser la pièce et de sauter agilement sur le sofa, atterrissant entre Serena et Lobsang, qui étaient assis face à Sam.

— CDSS est vraiment chanceuse de vous avoir, fit observer Lobsang tandis que Serena se penchait en avant pour me verser ma soucoupe de lait. Surtout avec Sa Sainteté qui est au loin, a-t-il poursuivi.

— Nous nous estimons heureux de l'avoir, dit Serena en me caressant. N'est-ce pas, Rinpoché ?

Elle n'avait pas encore déposé la soucoupe sur le plancher, quand je grimpai sur la table basse et je commençai à laper le lait.

— Vous permettez aux chats de monter sur la table ? demanda Lobsang, amusé par mon audace.

— Pas en règle générale, répondit Serena en me regardant avec un sourire indulgent.

L'espace d'un instant, les trois êtres humains m'observaient en silence tandis que je lapais mon lait avec un ronronnement vigoureux. Était-ce de la télépathie féline ou simplement mon imagination, mais Sam ne semblait pas très heureux que Lobsang participe à leur réunion habituelle.

Serena demanda à Lobsang sur quel projet il travaillait actuellement, et il mentionna le commentaire d'un texte ésotérique de Pabongka Rinpoché qu'il aidait à traduire. La conversation a ensuite bifurqué sur ce qui s'était passé au cours de la journée. Serena leur parla de sa rencontre avec Mme Finlay, et comment une retraite anticipée durement gagnée s'était avérée une déception si amère pour M. Finlay.

Lobsang a écouté l'histoire, de la sympathie filtrant à travers son immense calme, avant de déclarer :

— Peu d'entre nous, je crois, ne font pas la même erreur. En croyant aux *Je serai heureux quand je prendrai ma retraite. Quand j'aurai telle ou telle somme d'argent. Quand j'atteindrai ce but...*

Il fit une pause, puis sourit devant de telles absurdités :

— Nous créons nos propres superstitions, puis nous nous persuadons d'y croire.

— Superstitions ? a demandé Sam en attrapant la balle au bond.

Lobsang a hoché la tête.

— En inventant un rapport entre deux choses qui n'ont pourtant aucune connexion, comme un miroir brisé et une malchance, ou un chat noir et une bonne fortune.

En levant mon visage de la soucoupe, je regardai vers lui à ce moment précis. Tous les trois se mirent à rire.

— Ou un chat himalayen, a proposé Serena, et une chance phénoménale.

Je repris mon lapement.

— Nous commençons à croire que notre bonheur dépend d'un certain résultat, ou d'une personne ou d'un mode de vie en particulier. C'est de la superstition, a poursuivi Lobsang.

— Mais il y a des rayons et des rayons ici…, a fait Sam en pointant les étagères derrière lui, remplis de livres qui parlent de la pensée positive et de la faculté de se fixer des objectifs afin de manifester l'abondance dans notre vie. Êtes-vous en train de dire qu'ils font tous erreur ?

Lobsang rit dans sa barbe.

— Oh, non, ce n'est pas ce que je veux dire. Il peut être utile d'avoir des buts. Une raison d'être. Mais nous ne devrions jamais croire que notre *bonheur* dépend de leur réalisation. Les deux sont vraiment tout à fait distincts.

Il y eut un silence tandis que Sam et Serena digéraient ceci, lequel ne fut rompu que par le bruit de mon lapement et celui des chiens qui reniflaient les miettes sous la table.

— Si n'importe quel objet, réalisation ou relation était une véritable cause de bonheur, alors tous ceux qui auraient une telle chose devraient être heureux. Mais une telle chose n'a jamais été trouvée, a continué Lobsang.

» Le plus triste de tout, c'est que si nous croyons que notre bonheur dépend de quelque chose que nous n'avons pas actuellement, alors nous ne pouvons pas être heureux ici et maintenant. Pourtant, il n'y a qu'ici et maintenant que nous *pouvons* être heureux. Nous ne pouvons être heureux dans le futur : il n'existe pas encore.

— Et quand il arrive, fit remarquer Serena, nous découvrons que peu importe ce sur quoi nous basions notre bonheur à venir, cette chose ne nous rend pas aussi heureux que nous le pensions. Regardez Gordon Finlay.

— Exactement, a dit Lobsang.

Sam changea de position sur son siège.

— Il y a eu une étude en neurosciences sur cette idée, il n'y a pas très longtemps. Je pense qu'on l'a appelée « la déception du succès ». Elle étudiait la période préobjectif versus la période postobjectif. La période préobjectif, le sentiment positif que les gens ont en travaillant à l'atteinte d'un objectif, est plus intense et plus durable en termes d'activité cérébrale que la période postobjectif, laquelle débouche sur une sensation de libération de courte durée.

— Suivie de la question *Tout ça pour ça ?* a suggéré Serena.

— Le parcours est vraiment plus important que la destination, a confirmé Lobsang.

— Ce qui me fait réfléchir encore plus sur la pertinence de retourner en Europe, dit Serena.

— Tu pourrais rester ? demanda Lobsang, la voix pleine d'espoir.

Quand elle l'a regardé, il a soutenu son regard non pas une seconde ou deux, mais jusqu'à ce qu'elle détourne les yeux.

— Tout a commencé le soir du banquet indien, a-t-elle expliqué. Ça m'a fait comprendre à quel point il est plus satisfaisant de travailler pour des personnes qui apprécient vraiment ce que je fais, plutôt que pour des gens qui ne désirent qu'être vus dans les endroits à la mode. Pourquoi m'imposer tout ce stress ? Regardez ce qui est arrivé à Gordon Finlay. C'est l'une des plus grandes réussites de la décennie dans le monde de la restauration. Des dizaines de milliers de personnes aspirent à un tel succès. Mais il est devenu si accro au travail qu'il ne pouvait plus s'arrêter.

À quoi bon connaître un succès aussi phénoménal si vous ne pouvez trouver aucune paix intérieure ?

Derrière les paroles de Serena, je décelais d'autres soucis tacites. Au cours des dernières semaines, je l'avais vue accueillir d'anciennes camarades de classe venues la visiter avec leur mari et leurs enfants. Chaque fois, il me semblait qu'elle se sentait tiraillée dans une direction bien différente.

Le lendemain matin, Gordon Finlay est arrivé à 10 h 30. À la seconde où il est entré dans le café, il avait l'air d'un homme libéré. En se dirigeant vers sa banquette, il a commandé un expresso et a pris un exemplaire du *Times of India* dans le présentoir à journaux.

Après avoir feuilleté le journal et bu son café, il se leva et s'approcha de Serena au comptoir.

— Mon épouse m'a dit qu'elle est venue hier et que vous avez été très aimable avec elle, commença-t-il dans son accent purement écossais. Je voulais simplement vous dire que je vous en suis reconnaissant. Tout comme je vous remercie de votre… discrétion.

— Oh ! ce n'est rien.

— Cet endroit a pris des airs d'oasis pour moi, a-t-il continué en jetant un coup d'œil aux *thangkas* bouddhistes accrochés aux murs. Nous avons décidé de rentrer au pays. Je n'ai aucune idée de ce que je vais faire, mais je ne peux pas rester assis à boire deux bouteilles de vin par jour. Mon foie ne le supporterait pas très longtemps.

— Je suis désolée que les choses n'aient pas marché comme vous l'aviez prévu, dit Serena. Mais j'espère que vous avez apprécié quelque chose de votre voyage en Inde, ajouta-t-elle après coup.

Gordon Finlay sembla songeur pendant un instant, puis il hocha la tête.

— C'est drôle, la première chose qui me vient à l'esprit, c'est d'avoir aidé ce jeune en bas de la rue à relancer son commerce.

— Happy Chicken ? demanda Serena en riant.

— Il fait des affaires en or, dit Finlay.

— Êtes-vous actionnaire ?

— Non, mais je n'étais que trop heureux de l'aider à tout mettre en place. Il me rappelait tellement comment j'étais quand j'ai commencé : dépourvu de capital, cerné par la concurrence, et aucune différenciation dans les produits. Tout ce qu'il lui fallait, c'était un peu d'argent et de formation. Maintenant, c'est un vrai pro !

À mesure qu'il parlait, Gordon Finlay semblait devenir plus grand et se tenir plus droit. Pour la première fois, on pouvait avoir un aperçu du P-DG inspiré qu'il avait été jusqu'à tout récemment.

— Peut-être, a suggéré Serena, venez-vous de décrire ce que vous pourriez faire par la suite.

— Je ne pourrais quand même pas sauver tous les marchands ambulants du monde ! protesta-t-il.

— Non, mais vous changeriez la vie de ceux que vous auriez sauvés. Vous avez manifestement reçu beaucoup de satisfaction en aidant celui-ci. Imaginez si vous en aidiez plusieurs !

Gordon Finlay la regarda très longuement, une lueur apparaissant dans ses yeux foncés et observateurs. Puis il dit :

— Vous savez, vous pourriez bien avoir touché quelque chose.

Chapitre 4

L'ennui. Une terrible affliction, n'est-ce pas, cher lecteur ? Et autant que je puisse en témoigner, c'est presque universel. Sur une base quotidienne, il y a un ennui à être où vous êtes et à faire peu importe ce qui vous attend, que vous soyez un directeur avec une douzaine de rapports ternes à produire avant la fin du mois, ou un chat sur un classeur avec toute une matinée à ne rien faire, sauf à somnoler avant que de délicieux et croustillants filets panés de truite de mer — peut-être avec un peu de crème coagulée par la suite — ne vous soient servis au café pour déjeuner.

Combien de fois ai-je surpris des touristes en train de dire « J'ai hâte de retourner à la civilisation » — ces mêmes visiteurs, je suppose, qui pendant des mois auparavant ont fait des X sur leur calendrier afin de mieux compter les jours les séparant du voyage de leur vie en Inde. « J'aimerais que ce soit déjà vendredi » est une autre variation sur le même thème, comme si nous devions d'une certaine façon supporter cinq interminables journées d'oppression pour ces deux précieux autres jours où nous pourrons vivre pleinement.

Et le problème est encore plus profond. Quand nous levons les yeux de cette série de rapports à remettre à la fin du mois, ou de ce matin à ne rien faire sur le classeur, quand nous pensons à tous ces jours encore à venir, notre ennui glisse vers un désespoir existentiel encore plus profond. *À quoi rime tout ça ?* pouvons-nous nous surprendre à penser. *Pourquoi se casser la tête ? Qui s'en préoccupe ?* La vie peut nous sembler un exercice futile, morne et sans fin.

Pour ces êtres qui ont une perspective plus large de la planète Terre, l'ennui s'accompagne parfois d'un compagnon plus sombre : la culpabilité. Nous savons que comparée à plusieurs autres, notre vie est très confortable. Nous ne vivons pas dans une zone de guerre ou dans une pauvreté immonde ; nous n'avons pas à rester dans l'ombre en raison de notre sexe ou de nos convictions religieuses. Dieu merci, nous sommes libres de manger, de nous habiller, de vivre et de marcher comme nous l'entendons. Néanmoins, nous nous ennuyons démesurément.

Dans mon cas, si je peux évoquer des facteurs atténuants, le dalaï-lama *était* parti pour quelques jours. Le va-et-vient habituel avait donc cessé, de même que les visites de Mme Trinci, si généreuses en nourriture et en affection. Mais plus que tout, il n'y avait rien de l'énergie et de l'amour rassurants que je ressens par le simple fait d'être en présence de Sa Sainteté.

Ainsi donc, je pris un matin le chemin du café, le cœur lourd et la patte au ralenti. Mon lambinage habituel était encore plus pénible que d'ordinaire ; le simple fait de déplacer mes jambes arrière tenait de l'effort herculéen. *Pourquoi me donnais-je même la peine de faire ceci ?* me suis-je demandé. Aussi délicieux que puisse être le déjeuner, sa consommation ne me prendrait que cinq minutes, et j'en aurais ensuite pour une longue attente jusqu'au dîner.

Je me doutais bien peu que les événements étaient sur le point de me sortir de ma léthargie.

Tout a commencé par Sam, qui se comportait d'une façon exceptionnellement pressante, sautant de son tabouret dans la librairie pour descendre au café en se précipitant dans les escaliers.

— Serena ! dit-il en gesticulant pour attirer son attention tout en pointant l'écran d'ordinateur derrière lui. C'est Franc !

Franc avait pris l'habitude de prendre des nouvelles via Skype, mais ses appels avaient toujours lieu le lundi matin, à 10 heures, quand le café était tranquille, pas en début d'après-midi alors que l'activité était presque à son maximum.

Serena se précipita au comptoir de la librairie. Sam monta le volume des haut-parleurs et ouvrit une fenêtre qui montrait Franc dans un salon. Il y avait plusieurs personnes derrière lui assises sur un sofa et dans des fauteuils. Son expression était tendue.

— Mon père est mort la nuit dernière, annonça Franc sans préambule. Je voulais vous le dire avant que vous ne l'appreniez de quelqu'un d'autre.

Serena et Sam présentèrent leurs sympathies et leurs condoléances.

— C'était inévitable, mais ça reste malgré tout un choc, dit-il.

Une femme se leva du sofa derrière Franc et s'approcha de l'écran.

— Je ne sais pas ce que nous allons faire sans lui ! dit-elle en pleurant.

— C'est ma sœur, Beryle, précisa Franc.

— Nous l'aimions tellement, sanglota Beryle. De le perdre est si difficile !

Derrière elle, les gens murmuraient leur approbation.

— C'est bien que j'aie pu être ici pour lui à la fin, dit Franc, cherchant à reprendre les rênes de la conversation.

Bien que les relations avec son père aient été difficiles, son courageux lama, Geshe Wangpo, avait insisté pour qu'il rentre chez lui. Un des lamas les plus âgés au monastère de Namgyal, Geshe Wangpo était intransigeant quant à l'importance d'agir au lieu de parler et de faire passer autrui avant soi.

— Je suis heureux que Geshe Wangpo m'ait convaincu, continua Franc. Mon père et moi avons pu résoudre…

— Nous avons de grandes funérailles, interrompit une voix masculine âgée et désincarnée derrière Franc.

— De *très* grandes funérailles, a convenu quelqu'un d'autre, visiblement impressionné par l'ampleur de l'événement.

— Plus de deux cents personnes viennent pour lui dire adieu, a ajouté Beryle en surgissant encore une fois dans l'écran. C'est ce qui importe le plus en ce moment, n'est-ce pas ? Nous avons tous besoin de finir ça en beauté.

— Finir ça en beauté, ont répété les autres en chœur.

— Papa voulait une simple cérémonie au crématorium, dit Franc.

— Les funérailles sont pour ceux qui restent, déclara Beryle, qui n'était pas de cet avis. Nous sommes une famille catholique. Enfin…, dit-elle en regardant avec insistance vers Franc, la plupart d'entre nous le sont.

— On ne veut pas de ce genre d'enterrement céleste, a objecté la même voix masculine stridente.

— Je n'ai jamais proposé…, fit Franc en secouant la tête.

— C'est ce en quoi vous les bouddhistes croyez, non ? demanda une figure desséchée aux cheveux blancs, aux yeux rougis et à la dentition incomplète, en s'approchant de l'ordinateur. Couper les personnes en petits morceaux et les jeter en pâture aux vautours ? Non, merci.

— Lui, c'est mon oncle Mick, précisa Franc.

L'oncle Mick scruta l'écran d'ordinateur pendant un long moment avant de réprimander Franc :

— Ils ne sont pas indiens !

— Je n'ai jamais dit qu'ils l'étaient, protesta Franc doucement.

Mais Mick avait déjà tourné les talons pour disparaître au loin.

— J'espère que je pourrai sortir demain pour aller nourrir les oiseaux au parc, rajouta Franc en haussant les sourcils.

Les bouddhistes croient que les actes de générosité sont bénéfiques pour les morts lorsqu'ils sont effectués par des gens qui partagent un étroit lien karmique avec les personnes décédées.

— Des *oiseaux* ? s'est exclamée Beryle, incrédule. Et *nous* ? Qu'en est-il de ceux de ton propre sang et de ta propre chair ? On aura tout le temps pour ce genre d'absurdités après l'enterrement.

— Je ferais mieux de vous laisser, dit Franc rapidement. Je vous rappellerai quand je serai seul.

Tandis que Serena et Sam disaient au revoir, la voix de l'oncle Mick se fit entendre.

— Des oiseaux ? Je le savais ! Il n'y aura aucun enterrement céleste tant que je serai en vie !

Une fois l'appel terminé, Sam et Serena se sont tournés l'un vers l'autre.

— On dirait qu'il traverse un moment difficile, dit Serena.

— Au moins, il sait qu'il a fait la bonne chose en rentrant chez lui. Mais il pourrait revenir beaucoup plus tôt que nous l'avions pensé, ajouta Sam d'un air songeur.

— Qui sait ? a continué Serena en passant sa main dans ses cheveux. S'il doit en plus gérer la succession, il pourrait être là pendant un bon moment encore.

Sentant quelque chose bouger, elle regarda en bas pour y trouver Marcel, le bouledogue français de Franc, à ses pieds.

— Comment a-t-il su ? se demanda-t-elle en souriant vers Sam.

— Il a entendu sa voix ?

— De sous le comptoir ?

Elle regarda vers le panier à chiens. Il lui semblait peu probable que le son de la voix de Franc ait pu voyager si loin.

— Non, dit-elle en s'agenouillant pour le flatter. Je pense que les chiens peuvent sentir ce genre de choses. N'est-ce pas, mon petit ami ?

Peu de temps après, des nouvelles alarmantes, cette fois beaucoup plus près de nous, circulèrent. Des nouvelles qui avaient frappé au cœur même de Namgyal — plus spécialement du bureau où je surveillais les activités des adjoints exécutifs du dalaï-lama. D'ordinaire, quelque chose s'y passait toujours, une agitation que j'observais depuis le classeur derrière Tenzin, lequel offrait une vue panoramique non seulement sur le bureau lui-même, mais sur toute personne qui entrait et sortait des appartements de Sa Sainteté. Par conséquent, quand le dalaï-lama était à l'extérieur de la ville, je passais plusieurs de mes journées dans le bureau à observer le va-et-vient officiel à Jokhang.

Chogyal et Tenzin essayaient de prendre leurs vacances pendant les absences prolongées de Sa Sainteté, et cette fois-ci, c'était au tour de Chogyal de s'absenter. Plusieurs jours plus tôt, il était parti rendre visite à sa famille dans le Ladakh. Il y a deux jours, Chogyal était entré en contact avec Tenzin et lui avait remis un message urgent pour Geshe Wangpo. Avec son efficacité habituelle, Tenzin avait immédiatement réquisitionné deux moines débutants occupés à des corvées de nettoyage dans le corridor.

Je connaissais Tashi et Sashi depuis mon tout jeune âge, en raison du piètre traitement qu'ils m'avaient infligé, c'est le moins qu'on puisse dire. Depuis lors, cependant, ils avaient fait de grands efforts pour se racheter et ils se préoccupaient maintenant de mon bien-être avec le plus grand zèle.

— J'ai un message urgent qu'il faudrait que vous livriez, leur dit Tenzin au moment où ils entraient dans le bureau.

— Oui, monsieur ! répondirent-ils à l'unisson.

— Il est primordial que vous remettiez ceci à Geshe Wangpo en mains propres, souligna Tenzin en remettant une enveloppe scellée à Tashi, l'aîné âgé de 10 ans.

— Oui, monsieur ! répéta Tashi.

— Aucun retard, aucune diversion, dit Tenzin sévèrement. Même si vous êtes appelés par un moine supérieur. C'est une mission officielle du bureau de Sa Sainteté.

— Oui, monsieur, ont entonné les garçons en chœur, leurs visages allumés par l'importance de cette mission inattendue.

— Allez-y maintenant, ordonna Tenzin.

Ils se sont brièvement tournés l'un vers l'autre, avant que Tashi ne demande de sa voix flûtée :

— Juste une question, monsieur.

Tenzin leva les sourcils.

— Comment va CDSS, monsieur ?

Tenzin se tourna vers là où j'étais étendue sur le classeur. J'ouvris les yeux, avant de les refermer aussitôt.

— Comme vous pouvez le voir, toujours en vie.

Son ton était curieux.

— Dépêchez-vous maintenant !

J'étais tout juste revenue du café cet après-midi-là, en train de donner à mes oreilles un nettoyage éclair depuis le dessus du classeur, quand nul autre que Geshe Wangpo fit son apparition de l'autre côté du bureau. Geshe Wangpo était non seulement un des lamas les plus vénérés du monastère de Namgyal, mais aussi un des plus intimidants. Geshe était de la vieille école — ce titre réfère au plus haut degré académique que puisse atteindre un moine bouddhiste —, il approchait les 80 ans et avait étudié au Tibet avant l'invasion chinoise. Il avait le physique rondelet et musclé typique du Tibétain, de même qu'un intellect pénétrant et peu de tolérance pour la paresse du corps ou de l'esprit. C'était également un moine d'une immense compassion, dont l'amour pour ses étudiants n'était jamais remis en doute.

La présence de Geshe Wangpo était si imposante qu'à la seconde où il fit son apparition dans le cadre de porte, Tenzin se leva de sa chaise et le salua.

— Geshe-la !

Le lama lui fit signe de s'asseoir.

— Merci pour votre message d'il y a deux jours, dit Geshe Wangpo, la mine grave. Chogyal était sérieusement malade.

— C'est en effet ce que j'ai entendu, a fait Tenzin. Il allait pourtant bien quand il est parti d'ici. Peut-être a-t-il attrapé quelque chose dans l'autobus ?

Geshe Wangpo secoua sa tête.

— C'était le cœur, a-t-il dit sans s'étendre sur le sujet. Sa santé s'est détériorée du jour au lendemain. Il était beaucoup plus faible, mais il est demeuré conscient. Quand je l'ai rappelé ce matin, cependant, il ne pouvait plus parler et ne montrait presque plus de signes vitaux. Malheureusement pour nous, son heure était venue. Il ne pouvait plus bouger, mais il pouvait entendre ma voix. Sa mort physique est survenue à 9 heures, mais il a passé plus de cinq heures dans une claire lumière de félicité.

Tenzin et moi eûmes besoin d'un long moment avant de pouvoir digérer cette nouvelle. Chogyal — notre

Chogyal — était mort ? Il y a trois jours encore, il arpentait ce bureau dans tous les sens. Et il était si jeune : il ne devait pas avoir beaucoup plus que 35 ans.

— Sa mort s'est très bien passée, dit Geshe Wangpo. Nous pouvons être sûrs que son continuum s'est poursuivi dans une direction positive. Néanmoins, il y aura des prières spéciales au temple ce soir, et vous pourriez trouver utile de venir faire des offrandes.

— Bien sûr, fit Tenzin en hochant la tête.

Tandis que le regard de Geshe Wangpo passait de Tenzin à moi, son expression habituellement sévère s'était adoucie et affichait maintenant une grande tendresse.

— Il est naturel de ressentir de la tristesse et de la peine quand nous perdons quelqu'un qui nous était cher. Et Chogyal était un homme très aimable. Mais vous n'avez pas à être désolés pour lui. Chogyal a bien vécu. Bien que sa mort soit survenue de manière inattendue, il n'a rien eu à craindre. Il est mort aussi bien qu'il a vécu. Il est un exemple à suivre pour nous tous.

Sur ce, Geshe Wangpo tourna les talons et quitta les lieux.

Tenzin se pencha en avant sur sa chaise et ferma les yeux un moment. Puis il se leva et s'approcha du classeur. Il tendit le bras et me caressa.

— C'est difficile à croire, n'est-ce pas, CDSS ? me dit-il les yeux remplis d'eau. Chogyal, si bon et si aimable.

Peu de temps après, Lobsang entrait dans le bureau. Il traversa la pièce jusqu'à nous.

— Geshe-la vient de m'apprendre la nouvelle, dit-il à Tenzin qui me caressait toujours. Je suis vraiment désolé.

Les deux hommes se donnèrent l'accolade ; Lobsang dans ses longues tuniques de moine, Tenzin dans son costume foncé. Au moment de se séparer, Lobsang ne manqua pas de rappeler :

— Cinq heures dans une claire lumière de félicité !

— Oui, c'est ce qu'a dit Geshe-la.

Le processus entourant la mort fait l'objet d'une préparation minutieuse dans le bouddhisme tibétain. J'ai souvent entendu Sa Sainteté parler de la claire lumière comme un état naturel de notre esprit quand il est exempt de toute pensée. Parce qu'il s'agit d'un état au-delà de ce qui est concevable, les mots ne peuvent qu'effleurer une telle réalité ; ils ne peuvent décrire l'indescriptible. Néanmoins, les termes *infini, rayonnant, bienheureux* sont parfois utilisés pour évoquer un tel état. C'est un état imprégné d'amour et de compassion.

Les spécialistes de la méditation peuvent expérimenter la claire lumière de félicité tandis qu'ils sont encore en vie, de sorte que quand ils meurent, plutôt que de craindre la perte de leur identité personnelle, ils peuvent demeurer dans ce sublime état de non-dualité. Avec un tel niveau de maîtrise, il est possible de diriger l'esprit vers ce qui se produit après, plutôt que d'être propulsé par la force de l'activité mentale habituelle, par le karma.

Même si une personne a été déclarée morte d'un point de vue clinique, lorsqu'elle se trouve dans un état de claire lumière, son corps reste souple et conserve toutes ses couleurs. Il n'y a pas de putréfaction du corps ou de perte des fluides corporels. Pour les autres, le défunt paraît tout simplement endormi. De grands yogis sont reconnus pour être demeurés dans une claire lumière pendant des jours, voire des semaines.

L'assurance de Geshe Wangpo, maintenant qu'il savait que Chogyal était resté dans une claire lumière de félicité, représentait donc une nouvelle de la plus haute importance. Sa vie avait peut-être été courte, mais ce qu'il en avait fait dépassait l'entendement : il était capable d'assurer une certaine maîtrise sur son destin.

Tenzin a ouvert son tiroir, en a sorti son téléphone portable et l'a mis dans sa poche, ce qu'il faisait toujours avant de partir du bureau.

— Je vais nourrir quelques oiseaux, dit-il à Lobsang.

— Bonne idée, a répondu l'autre moine. Je vais vous accompagner, si vous me le permettez.

Les deux marchèrent vers la porte.

— C'est la chose principale à faire en ce moment, n'est-ce pas ? fit observer Lobsang. Faire tout ce que nous pouvons pour aider la personne qui nous a quittés.

— Et même s'il n'a pas vraiment besoin de notre aide, il est bon d'avoir quelque chose de positif sur quoi se concentrer, acquiesça Tenzin.

— Exactement, a convenu Lobsang. Quelque chose d'autre que soi-même.

Le son de leurs voix se dissipa tandis qu'ils s'éloignaient dans le couloir. On me laissa seule sur le classeur, réfléchissant au fait que je ne reverrais jamais plus Chogyal. Il ne marcherait plus jamais à travers la porte, ne s'assoirait plus jamais à l'opposé de Tenzin, et n'utiliserait plus jamais le surligneur jaune qu'il voyait comme un crayon pour écrémer les documents, mais que je savais plutôt être un jouet que l'on faisait tomber du bureau jusque sur le tapis.

Je pensai aussi à la dernière fois que Chogyal m'avait prise contre lui ; j'avais rentré mes griffes dans son bras.

Fâchée parce qu'il m'avait enlevé ma couverture beige, et avec elle les dernières traces de la présence de ma fille, je m'étais montrée méchante et mesquine. Ce n'est pas le dernier souvenir que j'aurais aimé qu'il garde de moi, mais il était trop tard pour le changer. Mais je pouvais me consoler en me disant que la majeure partie du temps que nous avions passé ensemble avait été heureux. Quand le karma nous réunirait dans une autre vie, comme il l'avait fait dans celle-ci, l'énergie entre nous serait positive.

De mon rebord de fenêtre, ce soir-là, j'observais les moines de Namgyal marcher dans la cour à côté des citadins qui affluaient à travers les portes du monastère. Je ne m'étais pas aperçue que les prières à l'intention de Chogyal étaient ouvertes au public, ou à quel point Chogyal était connu et avait été apprécié de la communauté.

Alors que de plus en plus de gens arrivaient, je décidai que, moi aussi, j'assisterais à la cérémonie. Je me suis frayé un chemin en bas des escaliers et à travers la cour, puis en moins de deux, je gravissais les marches du temple, accompagnée d'un groupe de nonnes d'un certain âge.

Il y a quelque chose de particulièrement magique au fait de visiter le temple pendant la nuit. Et ce soir-là les grandes statues de Bouddha à l'avant du temple, avec leurs beaux visages recouverts d'or, étaient illuminées par une mer de lampes à beurre vacillantes, chacune étant dédiée à la béatitude de Chogyal et de tous les êtres vivants. Les autres offrandes traditionnelles — la nourriture, l'encens, le parfum et les fleurs — faisaient partie de ce même festin des sens qui faisaient frémir mes moustaches de plaisir.

Je jetai un coup d'œil aux magnifiques *thangkas* monumentaux, avec leurs splendides reproductions de divinités telles que Maitreya, le Bouddha du futur ; Manjushri, le Bouddha de la sagesse ; Tara verte ; Mahakala, le protecteur du Dharma ; le Bouddha de la médecine ; et le lama Tsongkhapa, un maître vénéré. Dans l'éclairage tamisé du soir, les figures semblaient plus près de nous que pendant la journée, leur présence planant au-dessus de nous depuis leurs trônes de lotus.

Je n'avais rarement vu autant de personnes dans le temple qu'il y en avait ce soir-là. Tout l'espace était rempli : des lamas et des rinpochés âgés assis à l'avant, aux autres moines et nonnes, de même qu'aux citadins assis complètement au fond. Une des religieuses avec lesquelles j'étais arrivée me trouva une place sur une étagère au fond du temple, endroit à partir duquel j'ai pu regarder tout ce qui se passait. Les gens ont allumé des lampes à beurre, ont joint leurs mains en guise de prière, et se sont échangé quelques mots à voix basse, ce qui conférait à la soirée un caractère exceptionnel. Bien entendu, il y avait un sentiment de perte et de tristesse profonde, mais un autre sentiment bien différent couvait aussi sous la surface. La nouvelle selon laquelle Chogyal était resté dans une claire lumière de félicité avait évidemment circulé, et en dépit de la peine ressentie, une fierté sereine, voire une célébration, entourait le fait qu'il ait eu une si belle mort.

L'arrivée de Geshe Wangpo avait été saluée par un silence immédiat et respectueux. Il avait pris place sur le trône d'enseignement — le siège surélevé à l'avant du temple — et avait dirigé un chant avant de guider l'assemblée lors d'une courte méditation. Un silence régnait dans le temple, mais non la passivité. En revanche, une énergie curieuse semblait se répandre dans l'espace. Ou n'était-ce que ma sensibilité féline qui ressentait le pouvoir de centaines d'esprits concentrés sur le bien-être de Chogyal ? L'intention collective de tant de méditants accomplis, qui avaient bien connu Chogyal, pouvait-elle réellement l'atteindre et lui être bénéfique à ce moment précis ?

Geshe Wangpo mit un terme à la méditation en faisant retentir un doux son de cloche. Après avoir lu un court message du dalaï-lama, qui avait envoyé ses condoléances personnelles et ses bénédictions spéciales depuis l'Amérique, il parla de Chogyal dans la plus pure tradition tibétaine, abordant le sujet de sa famille dans le Kham, une province du Tibet oriental, puis des études monastiques qu'il avait commencées à un âge précoce, avant d'exposer certains des enseignements principaux que Chogyal avait reçus.

Geshe Wangpo suivait toujours scrupuleusement la tradition, mais il savait également comment rejoindre un auditoire, surtout que celui-ci n'était pas seulement formé de moines, mais également de gens du commun.

— Chogyal n'avait que 35 ans quand il est mort, dit-il doucement. Si nous devions retenir une chose de sa mort, et je n'ai pas de doute que c'est ce qu'il voudrait, nous devrions comprendre que la mort peut frapper n'importe lequel d'entre nous, à tout moment. Le plus souvent, nous ne voulons pas penser à cela. Bien entendu, nous acceptons le fait que la mort arrivera inexorablement, mais nous la voyons comme quelque chose de lointain. Cette façon de penser, a poursuivi Geshe Wangpo après avoir fait une pause pour mieux souligner ses propos, est fâcheuse.

Bouddha lui-même a dit que la méditation sur la mort est la plus importante. Il n'est pas morbide ni déprimant de contempler sa propre mort. C'est plutôt l'opposé ! C'est vraiment quand nous avons fait face à la réalité de notre propre mort que nous savons vraiment comment vivre.

» Vivre comme si rien ne s'arrêterait jamais, c'est une erreur tragique, a-t-il poursuivi. Une de mes étudiantes, une dame qui a souffert d'un cancer en phase quatre, a frôlé la mort l'année dernière. Quand je lui ai rendu visite à l'hôpital, elle n'était qu'une ombre fragile dans son lit, branchée à toutes sortes de tubes et d'équipement. Mais heureusement, elle a remporté son combat contre la maladie. Et encore dernièrement, elle m'avait confié que la maladie avait été le plus grand cadeau qu'on lui ait jamais fait. Pour la première fois, a-t-elle dit, elle avait regardé sa mort en face, et ce n'est qu'alors qu'elle avait compris comment il est précieux d'être simplement en vie.

Geshe Wangpo fit une pause pour permettre à son message d'imprégner les esprits.

— Maintenant, elle se réveille chaque jour avec un sentiment de profonde gratitude pour le fait d'être en vie et de ne souffrir d'aucune maladie. Chaque jour, pour elle, est une gratification. Elle est plus heureuse et plus en paix avec elle-même. Elle ne se soucie pas vraiment des choses matérielles, sachant que celles-ci sont de valeur limitée et se déprécient rapidement. Elle pratique désormais la méditation avec enthousiasme parce qu'elle sait, pour l'avoir expérimenté personnellement, que peu importe ce qui arrive au corps, la conscience demeure.

» Les pratiques qui nous sont données dans le Dharma nous aident à prendre en charge notre conscience. Au lieu d'être des victimes de l'agitation mentale et des schémas habituels de pensée, nous avons une occasion précieuse de nous libérer et de saisir la nature exacte de notre esprit. Et c'est *cela* que nous pourrons apporter avec nous. Pas nos amis, nos êtres chers ou nos possessions. Mais l'éveil à la réalité d'une conscience illimitée, radieuse et au-delà de la mort est une réalisation durable. Et avec cette conscience, nous comprenons alors que nous n'avons rien à craindre de la mort.

Un sourire narquois apparut sur son visage.

— Nous découvrons que la mort, comme tout dans la vie elle-même, est simplement un concept.

Geshe Wangpo posa la main contre son cœur.

— Je souhaiterais que tous mes étudiants puissent frôler la mort. Il n'y a pas de meilleur rappel à l'ordre quant à la façon de vivre sa vie. Peut-être que quelques étudiants, comme Chogyal, n'ont pas besoin de ça. C'était un pratiquant des plus diligents, avec un cœur tendre et un karma exceptionnellement bon pour avoir travaillé si étroitement avec Sa Sainteté pendant des années. Ceux d'entre nous qui ont la chance d'entrer directement en contact avec Sa Sainteté ne devraient pas sous-estimer une telle chose.

Je me suis demandé si Geshe-la n'avait pas adressé ce dernier commentaire à mon endroit. Parfois, quand je l'entendais dans le *gompa*, le monastère, il me semblait que beaucoup de ce qu'il disait était spécialement dirigé vers moi. En tant qu'être qui passait plus de temps avec le dalaï-lama que les autres, qu'est-ce que cela révélait au sujet de *mon* karma ?

— Nous continuerons de nous souvenir de Chogyal dans nos prières et nos méditations, tout particulièrement pour les sept prochaines semaines, a continué Geshe Wangpo en référant à la période maximale pendant laquelle, pense-t-on, la conscience demeure dans le *bardo*, l'état entre la fin d'une existence et le début d'une autre.

» Et nous devrions le remercier, dans nos cœurs, de nous rappeler que la vie est fragile et peut cesser à tout moment, souligna-t-il.

» Dans le Dharma, nous avons le terme *prise de conscience*, qui se produit lorsque notre compréhension de quelque chose s'approfondit au point qu'elle change notre comportement. J'espère que la mort de Chogyal nous aidera à en venir à la compréhension que, nous aussi, nous mourrons tous un jour. Une telle prise de conscience nous aide à lâcher prise, à éprouver une énorme gratitude, et même un profond respect, du seul fait d'être en vie. Nous ne pouvons pas procrastiner avec la pratique du Dharma : le temps est précieux et nous devons l'employer sagement.

» Nous qui sommes réunis ici ce soir sommes parmi les plus privilégiés du monde, parce que nous connaissons les pratiques qui peuvent aider à transformer notre conscience et notre expérience de la mort elle-même. Si nous sommes aussi dévoués que Chogyal l'a été, quand la mort viendra, nous n'aurons rien à craindre. Mais tant que nous sommes encore en vie… réjouissons-nous !

Le lendemain matin, tout en me reposant sur le rebord de la fenêtre, je remarquai Tenzin en train de traverser la cour une demi-heure plus tôt que d'habitude. Au lieu de se rendre directement au bureau comme il le faisait d'ordinaire, il alla au temple, où il commença sa journée avec une séance de méditation.

D'autres changements ont bientôt suivi. Un jour, il est arrivé au travail avec une drôle de mallette, qu'il déposa contre le mur arrière là où Chogyal s'assoyait. Je la reniflai curieusement, me demandant ce qu'elle pouvait bien contenir. C'était plus grand qu'un étui pour ordinateur portable, mais plus étroit qu'une serviette, avec une protubérance particulière à une extrémité.

À l'heure du déjeuner, Tenzin se retira dans la pièce des premiers soins, là où il avait l'habitude de manger un sandwich tandis que nous écoutions le BBC World Service. Ce jour-là, cependant, une série de bruissements et de grincements des plus étranges retentirent de derrière la porte, auxquels s'ajoutèrent des halètements et des souffles aigus. Plus tard, je l'ai entendu dire à Lobsang, venu s'informer par curiosité :

— Ce saxophone est resté à la maison et n'a pas servi depuis vingt ans. J'ai toujours voulu apprendre à en jouer. Une chose que j'ai apprise de Chogyal…

D'un mouvement de tête, il pointa la chaise sur laquelle Chogyal avait l'habitude de s'asseoir.

— Aucun moment n'est mieux que le présent, a convenu Lobsang. Carpe diem !

Et moi, cher lecteur ? N'ayant aucune aspiration à jouer un jour du saxophone ou même du piccolo, je ne prévoyais pas abandonner mes visites du midi à l'Himalaya Book Café. Mais la mort de Chogyal avait été un rappel urgent : la vie n'est pas éternelle ; chaque jour est précieux. Et le simple fait de se réveiller en bonne santé est vraiment une bénédiction, car la maladie et la mort peuvent frapper sans le moindre préavis.

Bien que j'aie déjà entendu ça auparavant — c'est après tout un thème dont Sa Sainteté parle souvent —, il y a une grande différence entre accepter une idée et changer son comportement. J'avais fait preuve de suffisance, mais maintenant, je me rendais compte que chaque jour passé en liberté et en bonne santé était un autre jour nous permettant de créer les causes et les conditions d'un avenir plus radieux.

Ennui ? léthargie ? Tout cela semblait si futile en se rappelant à quel point le temps passe rapidement. J'ai compris avec une clarté absolue que pour vivre une vie véritablement heureuse et significative, on devait d'abord affronter la réalité de la mort. Réellement, et non seulement comme une abstraction. Parce que après, les couchers de soleil ne sont jamais plus aussi resplendissants, les volutes de l'encens n'hypnotisent plus jamais de la même façon, et les morceaux de saumon fumé garnis de sauce dijonnaise ne sont plus jamais aussi délicieux au point de s'en lécher les babines, de s'en trémousser les moustaches ou de s'en remuer la queue.

Chapitre 5

Nous en étions à peu près à la 35e nuit sur les 49 que Sa Sainteté était censée passer à l'extérieur, quand je compris que quelque chose avait disparu de ma vie. Cela s'était fait si graduellement que je n'avais même pas noté son absence, jusqu'à ce qu'elle disparaisse presque entièrement : j'avais cessé de ronronner.

Je ronronnais encore quand Tenzin détournait son attention de la correspondance relativement importante qu'il échangeait avec les leaders mondiaux et qu'il rangeait dans le classeur sur lequel je me trouvais — pour porter son attention sur l'être autrement plus exceptionnel qui se trouvait au-dessus. Aussi, je ne manquais jamais de faire connaître mon contentement en ce qui a trait aux délicieux repas qu'on me servait à l'Himalaya Book Café.

Mais indépendamment de ce ronronnement fortuit et sporadique, j'étais restée muette la majeure partie de la semaine dernière. Et ça ne me faisait aucun bien. Ce qui m'amène de nouveau à la question centrale de mes recherches : *Pourquoi les chats ronronnent-ils ?*

La réponse peut sembler parfaitement évidente, mais comme avec la plupart des autres activités félines, elle est plus complexe qu'elle n'y paraît. Oui, nous ronronnons parce que nous sommes contents. La chaleur d'un foyer, l'intimité d'un giron, la promesse d'une soucoupe de lait, tout ceci peuvent inciter nos muscles laryngés à vibrer à un rythme impressionnant.

Mais la satisfaction n'est pas le seul déclencheur. Tout comme un être humain peut sourire quand il se sent nerveux ou qu'il veut faire appel à ce qu'il y a de meilleur en vous, les chats peuvent aussi ronronner. Une visite chez le vétérinaire ou une randonnée en voiture peuvent nous inciter à ronronner pour nous rassurer. Et vos pas dans la cuisine devraient-ils vous mener à proximité du seul placard digne d'intérêt pour les félins, vous pourriez bien entendre un ronronnement guttural tandis que nous enroulons notre queue autour de votre jambe, ou que nous vous implorons avec un froufrou plus impératif autour de vos chevilles.

Les chercheurs en bioacoustique vous diront autre chose de particulièrement fascinant : la fréquence du ronronnement d'un chat est une thérapie idéale pour le soulagement de la douleur, la guérison des blessures et la croissance des os. Nous, les chats, produisons des ondes sonores thérapeutiques à l'instar de la stimulation électrique, qui est de plus en plus utilisée en médecine, sauf que nous le faisons naturellement et spontanément dans notre seul intérêt. (Remarque pour les amoureux des chats : si votre félin chéri semble ronronner beaucoup plus que d'habitude, peut-être est-il temps de lui offrir une visite chez le vétérinaire. Il pourrait vous apprendre quelque chose au sujet de sa santé que vous ignorez.)

Mais indépendamment de ces questions de ronron, il existe une autre raison — assurément la plus importante de toutes. Son importance est telle que je n'en avais pas encore saisi toute la portée avant que Sam Goldberg n'ait laissé sa porte ouverte par erreur.

Peu de choses sont plus intrigantes pour un chat que la découverte d'une porte jusque-là résolument fermée et qui, par accident, a été laissée entrebâillée. L'occasion d'explorer l'inconnu, voire un territoire interdit, en est une à laquelle nous ne savons pas résister — ce qui explique pourquoi, tard cet après-midi-là, je fus attirée dans une embuscade alors que j'étais sur le point de retourner à Jokhang. Sautant en bas du porte-magazines, je remarquai que la porte derrière le comptoir de la librairie était ouverte, et je changeai aussitôt mes plans du moment. Je savais que la porte menait en haut, à l'appartement de Sam. Quand Franc avait embauché Sam pour mettre sur pied et gérer la librairie, l'entente comprenait également la conversion de cet espace de stockage en appartement pour Sam.

Sans hésiter, je me faufilai à travers la fente dans la porte, et je me suis immédiatement butée à une volée d'escaliers. Ils étaient raides et étroits, recouverts d'un tapis à l'odeur de moisi, et prenaient du temps à monter. Mais faisant fi de la raideur de mes hanches, je me précipitai vers une lumière qui jaillissait d'une deuxième porte en haut des escaliers. Aussi entrebâillée, elle menait à l'appartement de Sam.

Je me suis souvent demandé ce à quoi Sam occupait son temps quand il allait en haut, parce que, de ma position avantageuse, sa vie active semblait plutôt fade. Alors qu'il passait une partie de sa journée à parler aux clients, à ouvrir les derniers arrivages en provenance des éditeurs, ou à réarranger les livres sur les présentoirs, le plus souvent il restait derrière le comptoir, rivé à son écran d'ordinateur. Ce sur quoi il travaillait exactement demeurait un mystère. En parlant à Serena, il utilisait parfois des termes comme *programme d'inventaire*, *catalogues des éditeurs* et *progiciel de comptabilité*. Et il plaisantait souvent sur le fait d'être un technophile et de s'épanouir du moment qu'il s'assoyait derrière un clavier.

Mais pendant toutes ces heures, chaque jour, que faisait-il ? Ça me rendait encore plus curieuse de voir ce que j'allais découvrir en haut des escaliers.

Il ne faisait pas de doute que Sam avait un esprit intéressant. Les gens en parlaient souvent comme d'un penseur étonnant après avoir eu avec lui une discussion sur la manifestation spontanée des symboles tibétains sur les murs d'une caverne, ou les similitudes entre les biographies et les enseignements de Jésus et de Bouddha, par exemple. Je me demandais si son appartement était aussi captivant.

Je soupesais toujours ces différentes possibilités, quand j'atteignis finalement le sommet des escaliers. Comprenant que mon apparition serait aussi soudaine qu'inattendue, j'avançai petit à petit, aussi prudemment que possible. Me faufilant à travers l'espace entre la porte et le chambranle, je me suis retrouvée dans une énorme pièce à peine meublée. Les murs blancs et austères étaient nus, exempts de toute image. Du côté gauche de la chambre, il y avait un lit à deux places recouvert d'une couette bleue défraîchie. Sur le mur à droite, il y avait deux fenêtres avec des stores en bois vénitiens. Contre le mur, à l'opposé de la porte, se trouvait un bureau avec trois grands moniteurs d'ordinateur. Sam y était assis dos à moi. Le plancher autour de lui était recouvert d'un enchevêtrement de câbles et de matériel informatique.

C'était donc ainsi que Sam passait ses soirées ? Il échangeait un siège devant l'écran en bas pour un autre siège devant l'écran en haut ? Il y avait un fauteuil poire dans un coin de l'appartement. Mais de la façon dont les choses étaient arrangées, Sam passait la majeure partie de son temps devant l'ordinateur. En ce moment même, il participait à une vidéoconférence, et les portraits des autres participants apparaissaient en miniature sur les différents moniteurs. Je l'avais entendu expliquer à Serena que c'était sa façon de garder le contact avec les auteurs, parvenant parfois à en convaincre un qui voyageait en Inde afin qu'il s'arrête au café pour un entretien ou une séance de signatures.

Avec Sam plongé dans sa vidéoconférence, je jetai un coup d'œil autour de la pièce. Un agrégat de petits objets ronds, couleur jaune néon, a immédiatement retenu mon attention. Ils étaient identiques à ceux que je voyais pendant les diffusions de sports à la télévision : des balles de golf ! Près d'elles, appuyé contre le cadre de porte, se trouvait un putter.

Je rampai furtivement vers les balles. Alors que je n'étais plus qu'à quelques pas de distance, je me tapis en position de bête de jungle, puis je sautai sur les balles, en envoyant une valser à toute vitesse à travers le plancher. Un *toc* bien distinct se fit entendre lorsqu'elle s'arrêta sur la plinthe du mur opposé.

Sam se retourna alors et m'aperçut, mes pattes posées sur une autre balle. De ma bouche ouverte, je m'apprêtais à n'en faire qu'une bouchée.

— Rinpoché ! cria-t-il en posant le regard sur moi, puis sur la porte ouverte.

Je fis rouler la balle au loin et je courus en tous sens dans une frénésie folle, avant de sauter sur son lit.

Il sourit.

— Qu'est-ce qui se passe ? dit une voix sortant d'un haut-parleur.

Sam posa sa caméra sur moi pendant un moment.

— Un visiteur inattendu.

Des *oh* et des *ah* se firent entendre en provenance du monde entier.

— Je ne savais pas que vous vous intéressiez aux chats, dit un homme avec un accent américain.

Sam secoua la tête.

— Pas en règle générale, mais celui-ci est plutôt spécial. Voyez-vous, il s'agit du chat du dalaï-lama.

— Et elle *vous* rend visite dans *votre maison* ? a demandé quelqu'un, incrédule.

— Absolument renversant ! s'est exclamé un autre.

— Elle est adorable, babillait encore une autre.

Pendant quelques instants, il y eut beaucoup d'excitation, chacun prenant le temps de digérer cette nouvelle d'importance internationale. Une fois la conversation revenue à la normale, je pus retourner à mes balles de golf. Je ne m'étais pas encore aperçue de leur solidité à toute épreuve. Et quelle dureté ! Je savais maintenant pourquoi les golfeurs pouvaient les catapulter sur de très longues distances.

Je fis rouler une autre balle à travers le plancher, cette fois vers une tasse de plastique noire. Elle dépassa sa cible, frappa la plinthe, puis revint vers moi à toute vitesse. Effrayée, je m'écartai du chemin juste à temps. Apparemment, jouer au golf pouvait être imprévisible et dangereux à un point tel que je ne l'avais jamais imaginé.

J'en eus assez du golf. Je pris donc le chemin du corridor dans l'espoir de trouver la cuisine. À la différence des cuisines à Jokhang, qui étaient toujours utilisées et exhalaient en permanence un exquis mélange d'arômes, la cuisine de Sam était stérile et peu intéressante, probablement parce qu'il prenait la plupart de ses repas en bas. Je notai quelques canettes de bière vides et un carton de crème glacée dans les déchets. Jusqu'ici, rien d'intéressant.

Je continuai à me promener aux alentours, à la recherche d'autres pièces — mais il n'y en avait aucune — tandis que la vidéoconférence suivait son cours.

— La psychologie est une science encore jeune, affirma quelqu'un. Ça fait à peine cent ans que Freud a inventé le terme *psychanalyse*. Depuis, elle s'est principalement intéressée aux personnes avec de sérieux problèmes de santé mentale. Ce n'est que tout récemment qu'on a vu apparaître des tendances telles que la psychologie positive, laquelle ne se propose pas de faire passer un patient de - 10 à 0, mais de 0 à + 10.

— De maximiser notre potentiel, a poursuivi quelqu'un d'autre.

— De nous conduire vers notre plus grand épanouissement, a renchéri un autre.

— Ce que je ne comprends pas, dit Sam, c'est pourquoi après toutes les recherches effectuées au cours des dernières décennies, il ne semble toujours pas y avoir de formule du bonheur.

Je fis une pause. *Une formule du bonheur ?* C'était tellement Sam, avec ses programmes, ses codes et ses algorithmes. Comme si le bonheur pouvait être réduit à un amalgame de données scientifiques.

— Il y a une équation, dit l'homme au centre de l'écran de Sam. Mais comme la plupart des formules, elle demande qu'on l'explique un peu.

Vraiment ? Je ne savais pas si le dalaï-lama était au courant d'une telle formule, mais l'idée même qu'une telle chose puisse exister m'incita à tendre l'oreille.

— La formule est B égale V, plus C, plus A, dit l'homme, tandis qu'il tapait sur son clavier pour qu'elle apparaisse à l'écran. Le bonheur équivaut à ce qu'on appelle notre *valeur de consigne biologique* ou V, plus les conditions de notre vie, C, plus A, nos activités conscientes ou bénévoles. Selon cette théorie, chaque individu a une valeur de consigne, ou niveau moyen de bonheur. Certaines personnes sont naturellement optimistes et gaies : elles se retrouvent à une extrémité d'une courbe en cloche. D'autres ont un tempérament plus sombre. Elles se situent à l'autre extrémité. La grande majorité d'entre nous se positionnent vers le milieu. Cette valeur de consigne est notre norme personnelle, le niveau de bien-être minimal auquel nous tendons à retourner après les triomphes et les tragédies, ainsi que les hauts et les bas quotidiens de l'existence. Gagner à la loterie pourrait nous rendre plus heureux pendant un certain temps, mais les recherches montrent que par la suite nous sommes susceptibles de retourner à notre valeur de consigne.

— Est-il possible de changer notre valeur de consigne ? a demandé une jeune femme à l'accent britannique. Ou sommes-nous simplement pris avec ?

Je sautai du plancher sur le lit, puis du lit sur le bureau, m'assurant ainsi de ne rien manquer de la discussion.

— La méditation, dit un homme au crâne lustré et à la peau éclatante. Elle a un puissant impact. Les études ont montré que ceux qui la pratiquent depuis longtemps ont des valeurs hors norme.

Oui, ai-je pensé, *Sa Sainteté en sait certainement quelque chose !*

— En nous penchant maintenant sur les conditions, C, a continué l'homme qui nous initiait à la théorie du bonheur, il y a plusieurs choses à leur sujet qu'on ne peut changer : le genre, l'âge, l'ethnie, l'orientation sexuelle, par exemple. Selon l'endroit où vous êtes né dans le monde, ces facteurs pourraient avoir, ou pas, un impact énorme sur votre niveau de bonheur potentiel.

» Quant à A, les activités conscientes ou bénévoles, a-t-il poursuivi, elles incluent les activités que vous choisissez de pratiquer, comme le conditionnement physique, la méditation, les leçons de piano ou le bénévolat. De telles activités exigent une attention constante, ce qui signifie qu'on ne s'y habitue pas comme on s'habitue à une nouvelle voiture ou une nouvelle amante, lesquelles perdent de leur intérêt dès que l'aspect « nouveauté » s'estompe.

Des éclats de rire fusèrent du monde entier.

Il continua.

— Quand vous prenez la formule du bonheur, en général, vous pouvez voir que certaines choses peuvent être changées, mais que d'autres ne le peuvent pas. Notre attention devrait principalement porter sur les choses que nous pouvons changer et qui auront un impact positif sur notre bien-être.

Un lointain bruit de cymbales et la sonnerie d'un cor tibétain m'ont rappelé la cérémonie qui se tenait au monastère de Namgyal ce jour-là. Tous les moines étaient invités à un repas de célébration en l'honneur de plusieurs Geshés nouvellement diplômés, conclusion heureuse de leurs quatorze années d'étude. Par le passé, j'avais constaté que le fait de passer du temps près des cuisines du monastère en de telles occasions pouvait s'avérer très gratifiant.

J'ai sauté en bas du bureau de Sam et, en me dirigeant vers les escaliers, j'ai réfléchi à cette formule du bonheur. C'était une perspective intéressante, et pas si différente de ce que Sa Sainteté avait l'habitude de dire. La recherche occidentale contemporaine et l'ancienne sagesse orientale semblaient en être arrivées au même point.

Plusieurs jours plus tard, Bronnie Wellenksy arriva au café avec un prospectus à épingler sur le tableau d'affichage. Bronnie, la coordonnatrice canadienne d'un organisme de charité à vocation éducative, utilisait le tableau du café pour faire de l'affichage auprès des touristes, annoncer des activités comme des visites à des centres d'artisanat, ou promouvoir des concerts offerts par des gens de la place. La vingtaine, elle était pleine d'entrain, joviale et toujours en mouvement. Ses cheveux, qu'elle gardait aux épaules, étaient continuellement ébouriffés. Elle n'était pas arrivée à Dharamsala depuis plus de six mois que déjà elle s'était remarquablement bien adaptée.

— Celle-là est parfaite pour vous, lança-t-elle à Sam tandis qu'elle épinglait un prospectus sur le tableau.

— Qu'est-ce donc ? demanda Sam, levant les yeux de son écran.

— Nous avons besoin de tuteurs bénévoles pour donner aux adolescents une formation de base en informatique. Cela augmentera leur employabilité.

— Mais j'ai déjà un emploi, a répondu Sam.

— C'est une offre à temps *très* partiel, a répliqué Bronnie. Deux soirées par semaine. Même une seule, ce serait formidable.

Après avoir placé le prospectus bien en vue, elle se dirigea vers le comptoir de la librairie.

— Je n-n'ai jamais enseigné à personne, dit Sam. Je veux dire que je ne suis pas qualifié. Je ne saurais par où commencer.

— Par le début, répondit-elle aussitôt à son manque d'assurance par un sourire éblouissant. Ça ne dérange pas que vous n'ayez jamais enseigné auparavant. Ces enfants ne connaissent rien. Ils viennent de familles où il n'y a pas d'ordinateurs à la maison. *Toute* aide que vous pourriez leur apporter serait absolument salutaire.

» Désolée, mais je ne connais pas votre nom, a-t-elle poursuivi en tendant sa main par-dessus le comptoir. Moi, c'est Bronnie.

— Sam, fit-il en lui serrant la main comme s'il l'apercevait pour la première fois.

— Je vous ai vu travailler à l'ordinateur, dit-elle.

Il leva les bras, mimant une fausse reddition :

— Un geek.

— Ce n'est pas ce que je voulais dire, répondit-elle gaiement.

— Mais c'est vrai, répliqua-t-il en haussant les épaules.

— Vous n'avez pas idée à quel point vous pourriez aider ces enfants, a-t-elle continué en le regardant dans les yeux. Même les choses que vous tenez pour acquises seraient une révélation pour eux.

Je connaissais la raison la plus susceptible d'expliquer la réticence de Sam. Par le passé, il avait déjà confié à Franc et à Geshe Wangpo qu'il n'était pas une « personne sociable ». Et là, Bronnie lui demandait d'être devant un groupe et d'enseigner.

Bronnie ne l'avait pas quitté des yeux et lui souriait toujours aussi chaudement.

— De toutes les activités bénévoles que vous pourriez faire, celle-ci utiliserait le meilleur de vos capacités.

C'était le mot avec un A qu'il lui fallait entendre. *Activité bénévole.* Bronnie ne se doutait pas qu'elle venait de recourir à une des principales variables de la formule du bonheur.

— Bien sûr, je serais prête à vous aider, a-t-elle offert.

Pouvait-elle voir que sa résistance commençait à s'effriter ?

— Le cybercafé de l'autre côté de la rue nous a offert son matériel, expliqua Bronnie. Ça ne prendrait qu'une heure de votre temps, vers la fin de l'après-midi. Du traitement de texte de base, peut-être aussi des feuilles de calcul, ce genre de choses.

Sam hochait la tête.

— Oh, *de grâce,* dites que vous acceptez ! s'est-elle exclamée.

— D'accord, d'accord ! a-t-il dit, tout sourire, en fixant le comptoir. Je m'en occuperai.

Sam prit ses responsabilités de tuteur très au sérieux. Il avait bientôt téléchargé quelques tutoriels pour débutants, regardé quelques vidéos YouTube sur l'enseignement 101 et avait commencé à prendre des notes. Plusieurs fois, pendant des temps morts au café, je l'ai entendu interroger les serveurs au sujet de tel mot ou de tel concept : était-ce quelque chose que les jeunes Indiens comprendraient ?

Je ne sais pas quand le premier cours de Sam eut lieu. Probablement un après-midi après mon retour à Jokhang. Mais bientôt un changement perceptible se fit jour en lui. Il passait moins de temps derrière le comptoir dans la librairie et plus de temps à parler aux clients. Quelque chose dans sa posture avait aussi changé. D'une certaine manière, il paraissait plus grand.

Ses premiers cours s'étaient suffisamment bien passés pour qu'il continue cette activité. Je le tenais d'une remarque que Bronnie avait faite lors d'une visite matinale au café.

— Hier soir, tu as été *formidable*, lui dit-elle, une étincelle dans les yeux.

— Oh, c'était seulement…

— Deux heures de questions ! s'est-elle exclamée en riant. C'était sans précédent.

— Chacun semblait s'amuser.

— Y compris le geek incapable d'enseigner ?

— Même lui.

— *Surtout* lui, je dirais.

Se penchant au-dessus du comptoir, elle prit sa main et lui dit quelque chose qui le fit éclater de rire. Oui, oui, vous avez bien entendu : Sam qui riait à s'en tenir les côtes. Je ne l'aurais pas cru moi-même si je ne l'avais entendu de mes propres oreilles anthracite.

On commençait finalement par toucher à quelque chose, cher lecteur. Quelque chose qui a commencé par un A, mais qui ne s'est pas arrêté là. Mon intuition féline me disait que ça n'allait pas s'estomper.

C'était lors du rituel du chocolat chaud en fin de journée que mes impressions se sont confirmées. Il s'avère que Lobsang était à la librairie ce soir-là. Serena lui a demandé de les rejoindre, une invitation qu'il a acceptée. Tout en regardant Lobsang et Serena s'asseoir sur un sofa côte à côte, Sam a ouvert la porte qui mène à son appartement. Un bruit de tonnerre se fit entendre tandis qu'il montait les escaliers. Puis des voix étouffées nous sont venues d'en haut, suivies de bruit de pas qui descendent, les siens et ceux de quelqu'un d'autre.

Je regardai fixement Bronnie, fascinée. C'était la première fois que je la voyais avec des cheveux droits et brillants, son visage transformé par le maquillage. Elle portait un jean dont les motifs représentaient des figures qui s'enlaçaient, ainsi qu'un joli chemisier.

— C'est Bronnie, dit Sam en la présentant à Lobsang.

Aucune présentation à Serena ne fut nécessaire, car elles se connaissaient déjà.

— Ma petite amie, a-t-il ajouté.

Bronnie regarda vers lui, pleine d'admiration.

Sam rayonnait.

Lobsang a collé ses paumes ensemble, les a portées à son cœur, puis s'est courbé.

— Je suis très heureuse pour vous deux ! dit Serena dans un rire étouffé.

Après qu'ils se furent tous assis, Kusali lança le rituel de fin de journée en apportant le chocolat chaud, les biscuits pour chien et ma soucoupe de lait.

Lobsang regarda Bronnie, puis Sam, avec un sourire tranquille.

— Où vous êtes-vous rencontrés ?

— J'avais besoin de bénévoles pour notre programme d'initiation à l'informatique, répondit Bronnie. Nous essayons de faire en sorte que les enfants d'ici soient préparés pour l'emploi, et Sam s'est joint à nous.

— C'est une façon de dire les choses. La vérité, c'est qu'elle n'acceptait pas qu'on lui réponde non, fit Sam en souriant.

— Tu peux arrêter quand tu veux, l'a-t-elle taquiné.

Puis, en regardant Serena et Lobsang, elle rajouta :

— Mais il ne le fera pas. C'est un professeur remarquable, les enfants l'adorent.

Sam baissa les yeux vers le sol.

— Ils lui ont même donné un nom.

— Arrête ! dit Sam.

— Le deuxième, ou peut-être le troisième soir où il était là…

— Bronnie !

— … Ils ont décidé de l'appeler *Super-Geek*. Avec la plus grande affection, bien entendu.

Serena rit.

— Bien entendu.

Bronnie ne tarissait pas d'éloges.

— Il est si habile pour expliquer les choses. On peut voir les lumières s'allumer juste comme ça, dit-elle en claquant les doigts.

— Je ne fais que suivre des notes de cours en ligne, protesta Sam.

Il sentait le besoin de tempérer son enthousiasme, bien qu'en se calant dans le sofa, il semblait apprécier cette attention.

— C'est plus important que les détails techniques, a poursuivi Bronnie en prenant sa main dans la sienne. Tu leur donnes de la confiance. Le sentiment que peu importe ce qu'ils ne connaissent pas, ils peuvent facilement le maîtriser. C'est un cadeau inestimable.

— Ainsi, vous vous êtes découvert une véritable vocation, fit observer Lobsang.

Sam hocha la tête.

— Oui. Je veux dire : j'aime les livres, mais je prends aussi plaisir à enseigner. Grâce à Bronnie, c'est comme si une nouvelle dimension s'était dévoilée.

— Tu veux dire, grâce à la Formule, a-t-elle continué de façon ironique.

— La Formule ? demanda Serena.

— Sam dit qu'il a seulement accepté parce que j'étais vraiment insistante, dit Bronnie. Mais ensuite, il a admis qu'une activité bénévole faisait partie d'une certaine formule du bonheur.

— Voilà qui est très intéressant, dit Lobsang. S'il vous plaît, Sam, dites-nous-en davantage.

Sam commença à expliquer ce qu'étaient les valeurs de consigne, les conditions et les activités conscientes ou bénévoles. Pour ma part, je terminai mon lait, me lavai le visage, et sautai sur le giron de Serena, essayant de le malaxer plusieurs fois avant de me coucher.

Après que Sam eut fini d'expliquer — avec une autorité beaucoup plus grande que celle avec laquelle il avait expliqué les choses dans le passé — Lobsang demanda :

— Ainsi pour vous, A, les activités bénévoles, peuvent aider des étudiants à obtenir du travail ?

— Exactement, fit Sam en hochant la tête.

— Une entreprise nous a déjà approchés pour nous dire qu'ils embaucheront nos trois meilleurs étudiants, indiqua Bronnie.

— C'est un merveilleux exemple ! dit Lobsang en refermant ses mains ensemble avec plaisir. Ce que j'aime, c'est qu'en faisant profiter les autres, vous — il fit un geste vers Sam et Bronnie en tant que couple — en avez profité aussi ! Je connais un vers qui m'apparaît approprié. C'est au sujet du travail qui devient de l'amour manifeste.

Il commença à réciter :

C'est tisser une étoffe avec un fil tiré de votre cœur,
Comme si votre bien-aimé devait porter cette étoffe.
C'est bâtir une maison avec affection,
Comme si votre bien-aimé devait résider dans cette maison.
C'est semer le grain avec tendresse, et récolter la moisson dans la joie,
Comme si votre bien-aimé devait en manger le fruit[*].

— C'est très beau, Lobsang, déclara Serena en le regardant avec affection. Milarepa ? a-t-elle demandé en citant un sage bouddhiste célèbre pour ses vers.

* N.d.T. : Tiré du *Prophète* de Khalil Gibran, Éditions Humanis, 2012.

— Khalil Gibran. J'adore sa poésie, répondit Lobsang.

Il y avait dans ses yeux un regard lointain tandis qu'il contemplait les mots transcendants qu'il venait juste de citer.

— C'est aussi un de mes auteurs préférés, confessa Sam. Un choix intéressant pour un moine bouddhiste.

Afin de répondre aux mines interrogatrices qui se dessinaient autour de la table, il ajouta :

— Une bonne partie de l'œuvre de Gibran est romantique, sensuelle.

— Oui, a convenu Lobsang. Je me perds parfois dans sa poésie et j'oublie que je suis ceci ou cela, a-t-il poursuivi après une pause. À la fin, je pense qu'être moine n'est peut-être pas nécessaire.

Ses mots sont venus comme un aveu inattendu. Pour la première fois, il m'a semblé curieusement vulnérable.

Serena a posé sa main sur la sienne.

Depuis son giron, j'ai regardé Lobsang et me suis mise à ronronner.

Oui, cher lecteur, c'est l'autre raison pour laquelle les chats ronronnent. Vraisemblablement, et c'est la raison la plus importante, nous ronronnons pour vous rendre heureux. Le ronronnement est notre A, notre façon de vous rappeler que vous êtes aimé et spécial, et que vous ne devriez jamais oublier ce que nous ressentons à votre égard, particulièrement quand vous êtes vulnérable.

Qui plus est, ronronner est notre façon d'assurer votre bonne santé. Les études montrent que le fait d'avoir un compagnon félin réduit le stress et baisse la tension artérielle des êtres humains. Les propriétaires de chat sont sensiblement moins sujets aux crises cardiaques que les personnes qui vivent dans un monde sans chats. Si vous préférez, vous pouvez appeler ça la *science* du ronronnement. Alors que l'art et la science ne semblent pas toujours avoir beaucoup en commun, dans ce cas, ils convergent de façon à améliorer la qualité de vie.

Encore assise sur les cuisses de Serena, mon ronronnement s'accentua tandis que je me rappelais les mots de Khalil Gibran. Le grand poète n'avait-il jamais eu de compagnon félin ? me suis-je demandé. Si oui, qu'aurait-il écrit sur ce qui incite principalement les chats à ronronner ? Serait-ce quelque chose qui ressemble aux vers suivants ?

Vous guérirez le corps, apaiserez l'esprit et égayerez le cœur,
Car c'est sur votre giron bien-aimé que vous êtes assis.

Chapitre 6

Je fus réveillée de ma sieste du midi par une voix familière et son compagnon habituel, le bruit percussif d'une douzaine de bracelets cliquetants. Mme Trinci visitait le café avec une nouvelle des plus exaltantes :

— Il est sorti de sa retraite !

Elle et Serena se tenaient tout près de moi, à proximité du porte-magazines.

— Après dix ans ?

L'expression de Serena en était une d'étonnement et de ravissement à la fois.

— *Douze*, a corrigé sa mère.

— La dernière fois que je l'ai vu, c'était…, a fait Serena en lorgnant le plafond pour mieux se rafraîchir la mémoire… avant que je ne parte pour l'Europe.

— Sì, a convenu sa mère.

— Qui te l'a appris ? demanda Serena.

— Dorothy Cartwright. Je lui ai rendu visite ce matin. Elle en a par-dessus la tête avec les préparatifs.

— Alors il restera chez… ?

— Sì, chez les Cartwright !

Les yeux de Mme Trinci brillaient.

— Et quand va-t-il…

— Aujourd'hui ! répondit Mme Trinci, les joues empourprées. Il est en chemin depuis Manali en ce moment même !

La personne au centre de toute cette excitation, ai-je découvert par la suite, était Yogi Tarchin. *Yogi* n'était pas un titre officiel, mais un titre informel qu'il avait acquis au cours des années à mesure que sa réputation en tant que maître en méditation s'était affirmée et qu'elle était de plus en plus révérée. Le penchant du yogi pour une vie méditative était devenu évident alors qu'il n'était encore qu'un jeune garçon de 5 ou 6 ans dans l'Amdo, une province du Tibet. Au lieu de courir dans les champs avec d'autres garçons de son âge, ou de jouer avec des jouets en bois que son père avait sculptés, il se retirait dans une petite caverne dans le flanc d'une montagne derrière la maison, puis il s'assoyait sur une roche et récitait des mantras.

Il avait entrepris sa première retraite prolongée dans la vingtaine, isolé du monde pendant la traditionnelle période de trois ans, trois mois et trois jours. Depuis, il avait fait plusieurs autres retraites. Il avait également vécu une grande tragédie personnelle en perdant son épouse et ses deux enfants en bas âge quand l'autobus dans lequel ils voyageaient était tombé du flanc d'une montagne, tuant chacun à son bord. Il n'avait alors même pas 30 ans.

Établis à McLeod Ganj, les Cartwright avaient parrainé les retraites de Yogi Tarchin. Leur fille, Helen, était l'amie de Serena. Ayant fait la rencontre de Yogi Tarchin autour du chariot à thé quand elle avait environ 10 ans, Serena avait été immédiatement attirée par cet homme frêle et d'une modestie presque intimidante. Bien que son anglais soit alors très limité, c'était la présence de l'homme à laquelle elle avait répondu, comme tant de personnes d'ailleurs. Ce n'était pas simplement la chaleur dans ses yeux marron, mais le sentiment d'intemporalité qu'il dégageait, sentiment que les mots ne suffisent pas à décrire. Près de lui, on avait l'impression que le monde tel que nous le connaissons est illusoire, comme les nuages qui passent dans le ciel, et que derrière les apparences, il y a une réalité si vaste et radieuse qu'elle en est stupéfiante. C'était vers cette réalité que Yogi Tarchin nous offrait un passage.

Parce que les Cartwright et les Trinci étaient de bons amis, Yogi Tarchin avait été reçu chez les Trinci à leur domicile. Lorsqu'il revenait de séjours prolongés au Ladakh, au Bhoutan ou en Mongolie, il prenait toujours du temps pour aller voir les Trinci, même lorsque sa réputation en tant que maître en méditation gagnait de plus en plus en importance et que de longues files d'attente se formaient à l'extérieur de son bureau : moines et laïcs du monde entier venaient le voir pour des conseils et des bénédictions.

Les histoires au sujet du Yogi Tarchin étaient légendaires. Une fois, il serait apparu à l'un de ses étudiants en rêve, et il aurait tellement insisté pour qu'il visite sa mère âgée au plus tôt que, dès le lendemain matin, le moine aurait commencé le voyage de deux jours vers la maison, à Assam. À son arrivée, il ne trouva rien d'anormal — sa mère était en bonne santé et confortablement installée dans sa routine. Mais le deuxième jour de sa visite, une énorme tempête s'abattit sur la région entière, causant des crues subites qui, à leur tour, menèrent à un glissement de terrain gigantesque. La maison de sa mère, en sécurité sur son flanc de montagne depuis un demi-siècle, se mit soudainement à tanguer et commença une glissade périlleuse vers la catastrophe. Si le moine n'avait pas été là pour la protéger, sa mère aurait très probablement été tuée.

Une autre histoire met en scène un étudiant qui avait entrepris une retraite solitaire de trois mois dans une caverne du Ladakh. De retour à son monastère, on lui demanda qui lui avait fourni la nourriture. Yogi Tarchin, répondit le moine, quand le yogi venait le voir pour lui donner sa formation. Ceci avait semblé banal jusqu'à ce que les autres moines lui disent que pendant ces trois mois, Yogi Tarchin n'avait pas manqué une seule séance de méditation avec eux, dans leur *gompa* situé 80 kilomètres plus loin. Sans route ou transport, la seule façon pour Yogi Tarchin de couvrir la distance était par *lung-gom-pa*, une pratique grâce à laquelle des adeptes très avancés peuvent couvrir de grandes distances sans effort et à des vitesses surhumaines.

Puis arriva le philanthrope américain qui avait ramassé des dons pour une école du Tibet que Yogi Tarchin aidait à rénover. Le bienfaiteur voulut offrir son don en personne au yogi lorsqu'il visita l'Inde pendant les quatre mois qui ont suivi ; Yogi Tarchin lui demanda de convertir la somme en dollars australiens. Étonné de la directive, mais sachant mieux faire que de la questionner, le bienfaiteur la suivit à la lettre. Au cours des trois mois suivants, la valeur de la devise australienne s'apprécia de 15 %, après quoi Yogi Tarchin envoya un message stipulant que l'argent pouvait maintenant être changé en roupies indiennes. Les talents du yogi, non seulement pour les activités de change mais également pour les langues, le commerce et n'importe quelle autre activité prosaïque dans laquelle il avait choisi de s'engager, étaient bien connus. Il ne passait peut-être pas beaucoup de temps dans le monde ordinaire, mais il le comprenait parfaitement.

En tant que laïc, parfois connu sous le nom de *patriarche* dans le bouddhisme tibétain, Yogi Tarchin dut pourvoir à ses besoins, et par le passé il eut occasionnellement besoin d'accepter des tâches administratives entre deux retraites. Mais son attention demeurait principalement centrée sur la méditation. Dernièrement, il avait consécutivement entrepris quatre retraites de trois ans, retraites pendant lesquelles ses modestes besoins avaient été satisfaits par les Cartwright. Personne n'avait vu Yogi Tarchin pendant plus de douze ans. S'il avait été capable de réalisations aussi étonnantes pendant cette période, qu'aurait-il pu accomplir de plus avant la fin de celle-ci ?

Serena n'était nullement seule à penser de la sorte, comme je le découvris à mon retour à Jokhang. Dans le bureau des adjoints exécutifs, Tenzin et Lobsang parlaient aussi de Yogi Tarchin. Ils ne savaient pas combien de temps il prévoyait rester à McLeod Ganj, mais ils enverraient une lettre lui demandant de rester au moins jusqu'à ce que le dalaï-lama revienne. Sa Sainteté voudrait très certainement le rencontrer une autre fois.

Au temple le lendemain matin, je m'assis au soleil pendant que les moines arrivaient pour la séance de méditation de fin de matinée. J'entendis le nom de Yogi Tarchin mentionné plusieurs fois, de même que des histoires au sujet de ses pouvoirs étonnants. C'est alors que je décidai que j'allais rencontrer le yogi en personne. Les rumeurs et les ouï-dire, tout ça c'est très bien, mais il n'y a rien comme l'expérience directe du giron d'une personne pour obtenir une impression de qui elle est vraiment. Grâce à cette figure mystique, Serena s'était attiré un auditoire. Dans son enfance, elle avait été proche du Yogi Tarchin et du bouddhisme, mais ses années passées en Europe l'avaient remplie de doutes, qui étaient devenus des obstacles à sa pratique. Sans compter qu'il y avait des sujets plus personnels sur lesquels elle souhaitait lui demander son avis.

C'est de cette façon que je me suis retrouvée à la maison des Cartwright deux jours plus tard. À proximité du monastère de Namgyal, leur maison était une vieille villa pleine de coins et de recoins, avec des plafonds de tôle emboutie et des planchers en bois poli, recouverts de tapis indiens délicatement tissés. J'avais souvent rencontré Dorothy Cartwright lors de ses visites à l'Himalaya Book Café, et tandis qu'elle pouvait sembler étonnée de me voir suivre Serena de si près, elle aurait tôt fait de me fermer l'entrée principale au nez, tout comme elle aurait interdit l'accès à Sa Sainteté elle-même.

Un peu plus tard, Serena enlevait ses chaussures et frappait doucement sur une porte en bois. Je notai que ses mains tremblaient légèrement.

Convoquée par Yogi Tarchin, elle tourna une poignée de porte en laiton et entra dans une pièce qui semblait sortir tout droit d'une autre époque. Grande et spacieuse, elle n'était éclairée que par trois fenêtres étroites qui reluisaient comme des panneaux dorés, émettant une lueur éthérée sur le canapé-lit où Yogi Tarchin était assis en tailleur. Il portait une chemise cramoisie délavée avec un col Nehru pastel à ras le cou qui attirait l'attention sur un visage aussi serein qu'il paraissait sans âge. Quand ses yeux brun foncé rencontrèrent ceux de Serena, son visage s'alluma avec une telle chaleur que l'air dans la pièce semblait danser de joie.

S'agenouillant sur le tapis devant Yogi Tarchin, Serena porta les mains à son cœur et se courba profondément. Il prit ses mains repliées dans les siennes, et posa le front contre le sien. Ils restèrent comme ça un très long moment, puis les épaules de Serena se mirent à tressaillir et des larmes glissèrent sur ses joues.

Elle s'assit finalement et rencontra son regard de pure compassion. Les mots devenaient inutiles quand les deux étaient assis ensemble. La conversation normale était superflue alors qu'ils s'étreignaient une autre fois à un niveau plus profond.

Puis Yogi Tarchin rompit le silence.

— Ma chère Serena, tu as amené quelqu'un avec toi.

Elle se retourna, regardant vers là où j'étais assise, juste à l'intérieur de la porte.

— Je pense qu'elle voulait vous rencontrer.

Il a hoché la tête.

— Elle est très spéciale, lui dit Serena.

— Je vois ça.

— C'est le chat de Sa Sainteté, expliqua Serena. Mais elle passe beaucoup de temps avec nous quand il voyage. Vous permettez qu'elle entre… ? a-t-elle demandé après une pause.

— Pas en règle générale, répondit-il. Mais étant donné qu'elle est ta petite sœur…

— *Petite sœur ?*

On disait que Yogi Tarchin, comme d'autres maîtres accomplis, était clairvoyant. À moins qu'il n'ait parlé dans ce cas-ci métaphoriquement ? Quoi qu'il en soit, je n'ai pas attendu une autre invitation. Me précipitant vers lui, je sautai sur son canapé-lit et reniflai sa chemise. Elle sentait le cèdre, avec peut-être un soupçon de cuir, comme si elle était restée accrochée très longtemps dans le placard.

Le fait d'être simplement près de Yogi Tarchin était une expérience extraordinaire. Comme Sa Sainteté, il semblait émaner de lui une énergie particulière. De pair avec une sensation de paix immense, il dégageait également un sentiment d'intemporalité, comme si cet état de sagesse exaltée avait toujours existé, tel qu'il existait maintenant et existerait toujours.

Alors qu'il s'informait de la mère de Serena, j'étais maintenant certaine de vouloir m'asseoir sur ses cuisses. Je me suis installée sur la couverture qui recouvrait ses jambes, et il m'a doucement caressée. La sensation de sa main contre mon pelage répandit un frisson de satisfaction dans mon corps tout entier.

— Douze ans, c'est vraiment une longue période, dit Serena. Quatre retraites d'affilée. Puis-je vous demander pourquoi vous avez décidé de continuer ?

Un coucou retentit dans l'air de fin d'après-midi.

— Parce que je pouvais le faire, a simplement répondu Yogi Tarchin.

Puis, en voyant l'expression perplexe de Serena, il ajouta :

— C'était une occasion on ne peut plus précieuse. Qui sait quand une telle situation se présentera de nouveau ?

Elle a hoché la tête. Elle réfléchissait à ce qu'impliquait de passer douze ans sans contact humain, sans aucun téléviseur, radio, journal ou service Internet ; douze ans sans aucun restaurant, divertissement, anniversaire, fête de Noël, Action de grâce ou autres festivités. La plupart des personnes considéreraient une telle privation sensorielle comme une forme de torture. Mais Yogi Tarchin l'avait volontairement entreprise, et l'effet transcendantal que cela avait eu sur lui était palpable.

Mais une autre influence, plus négative celle-là, préoccupait Serena.

— Je suppose qu'en tant que maître en méditation, a-t-elle fait en s'inclinant devant Yogi Tarchin, un tel exercice est très utile. Mais pour quelqu'un comme moi…

C'était comme si elle n'arrivait pas à exprimer ses réserves.

Souriant, Yogi Tarchin se pencha vers l'avant et toucha sa main.

— Qu'est-ce qui est le mieux, demanda-t-il, un médecin ou un secouriste ?

La question même a semblé l'étonner.

— Un médecin, répondit-elle sur-le-champ.

Puis elle hésita.

— Mais si quelqu'un n'a pas besoin de soins prolongés…

— Les deux sont utiles, a-t-il confirmé.

Elle a approuvé de la tête.

— Suivre une formation de premiers soins prend combien de temps ? Quelques jours ? Mais un médecin ?

— Sept ans. Plus longtemps encore s'il se spécialise, répondit Serena.

— N'est-ce pas là une perte de temps ? Sept ans alors qu'il aurait pu commencer à aider des gens en l'espace de quelques jours ?

Il y eut un silence tandis que Serena digérait le vrai sens de ce qu'il venait de dire.

— Tous ceux qui pratiquent la méditation, a-t-il poursuivi avec un geste qui englobait la région de l'Himalaya et même au-delà. Pourquoi un médecin ne travaillerait-il pas pour des organismes de charité ? C'est ce que certaines personnes pensent. Ce serait bien mieux d'aider à distribuer de la nourriture et à construire des refuges pour sans-abri que d'être assis sur son séant toute la journée.

Serena pouffa de rire alors qu'elle se rappelait le franc-parler du Yogi Tarchin.

— C'est très bien d'aider les êtres humains et les animaux avec des œuvres de charité. C'est utile, comme les premiers soins. Mais une solution permanente à la souffrance exige quelque chose de différent : la transformation de l'esprit. Pour aider les autres à réaliser cette transformation, nous devons d'abord enlever ce qui obscurcit notre propre esprit. Puis, à l'instar du médecin, notre capacité à aider sera bien plus grande.

— Certains diraient que ce ne sont que des paroles, dit Serena.

Elle semblait heureuse de pouvoir discuter de ses réserves franchement.

— Certains diront que la conscience n'est que le cerveau à l'œuvre, alors l'idée d'une transformation sur plusieurs vies…

Yogi Tarchin hocha la tête, les yeux scintillants.

— Oui, oui. La superstition du matérialisme. Mais comment quelqu'un pourrait-il engendrer une qualité qu'il ne possède pas ?

— Je ne vous suis pas, répliqua Serena en plissant le front.

— Une pierre peut-elle créer de la musique ? Un ordinateur peut-il ressentir de la tristesse ?

— Non, a-t-elle reconnu.

Il hocha la tête.

— La chair et le sang peuvent-ils engendrer une conscience ?

Elle réfléchit à cela pendant un moment.

— Si le cerveau ne crée pas la conscience, dit-elle, pourquoi l'esprit est-il également affecté lorsque le cerveau est endommagé ?

Yogi Tarchin sourit à belles dents et se berça sur son coussin pour un instant.

— Très bien ! C'est bien que tu poses la question ! Alors dis-moi : si ton téléviseur est endommagé et que tu ne vois rien d'autre qu'un écran noir, cela veut-il dire qu'il n'y a plus de télévision ?

Alors que le sourire de Serena s'épanouissait, il n'attendit pas qu'elle lui réponde.

— Bien sûr que non ! Naturellement, si ton cerveau est endommagé, ça affectera ton expérience consciente. Peut-être que la conscience ne pourra pas être expérimentée du tout. Mais le cerveau n'est qu'un genre de récepteur, un téléviseur. Il serait… fâcheux de confondre les deux.

» Si quelqu'un te dit : « Ah, l'esprit n'est que le cerveau », alors demande-lui : « Dans ce cas, dis-moi où les souvenirs sont stockés. » Il devra convenir avec toi qu'il ne le sait pas.

En dépit de plusieurs années de recherche et de beaucoup d'argent, les scientifiques n'ont jamais découvert où, dans le cerveau, les souvenirs sont stockés. Ils n'y arriveront jamais parce qu'ils ne sont pas stockés physiquement ! Les scientifiques ont fait des expériences sur des animaux. Ils ont détruit les parties du cerveau où ils croyaient que la mémoire était stockée. Mais les animaux pouvaient encore se rappeler certaines choses. Des neurologistes, psychologues et philosophes, tous ont leurs idées au sujet de l'esprit. Mais une idée n'est qu'une idée, un simple concept. Ce n'est pas la chose elle-même. Si nous voulons savoir ce qu'est vraiment l'esprit, nous devons l'expérimenter de première main. Directement.

— Au moyen de la méditation ?

— Naturellement. Il y en a certains que ça effraie. Ils ont peur que si leur esprit est exempt de pensées, d'une certaine manière, ils cesseront d'exister. Ils disparaîtront dans un nuage de fumée !

Il sourit avant de reprendre :

— Mais les pensées ne sont que des pensées. Elles surgissent, demeurent et passent. Quand nous sommes capables d'une conscience intacte, exempte de la pensée qui vient juste de nous quitter et de celle qui suivra, nous pouvons alors voir notre esprit par nous-mêmes. Nous éprouvons ses qualités. Parce qu'il est difficile de décrire ces qualités ne veut pas dire que l'esprit n'en a pas.

— Que voulez-vous dire ? demanda Serena, perplexe.

— Peut-on vraiment décrire les qualités du chocolat ? On peut dire qu'il est sucré et fond dans la bouche, qu'il vient en différentes saveurs, mais ce ne sont que des idées — que des concepts qui pointent vers quelque chose qui n'est pas conceptuel par nature. De la même façon, nous pouvons décrire l'esprit comme illimité, radieux, serein, omniscient, aimant et compatissant par nature. Mais encore, a-t-il poursuivi en haussant les épaules, ce ne sont que de simples mots. De la fiction verbale.

— Je suppose que la plupart d'entre nous pensent que le corps et l'esprit se résument à ça, a fait Serena en pointant vers son corps.

Yogi Tarchin hocha la tête.

— Oui. C'est un tragique malentendu d'avoir de telles croyances limitées, de penser que nous ne sommes rien de plus qu'un paquet d'os plutôt qu'une conscience illimitée ; de croire que la mort est une fin, non une transition. Le pire de tout est de ne pas comprendre que chaque action du corps, de la parole ou de l'esprit affecte notre expérience future de la réalité, et même au-delà de cet espace-temps et de cette vie. Des croyances comme celles-ci incitent des personnes à gaspiller des opportunités de vie très précieuses. Notre esprit est tellement plus grand que ça !

— Omniscient ? a demandé Serena.

— Nous avons ce potentiel.

— Clairvoyant ?

Il haussa les épaules.

— Certains en font tout un plat. Mais la clairvoyance apparaît naturellement dans un esprit qui n'est pas encombré.

— Qu'en est-il des rêves ?

— Dans un esprit qui est agité et non entraîné, un rêve n'est qu'un rêve, *à moins* que tu n'aies la chance d'avoir un guide qui pourra t'atteindre à travers cette agitation.

Pendant un instant, il cessa de me caresser. Je tournai la tête et le regardai jusqu'à ce qu'il reprenne.

— Si vous êtes une personne entraînée, le sommeil offre des occasions incroyables. Savoir que vous rêvez quand vous le faites permet de maîtriser le rêve. Nous pouvons alors projeter notre conscience dans différents domaines d'expérience.

Yogi Tarchin réfléchit au thème commun à toutes les questions de Serena avant de demander :

— Pourquoi de telles questions au sujet de la clairvoyance et des états oniriques ?

Elle baissa les yeux sur ses mains posées sur ses cuisses.

— Je pense que, peut-être, il y a autre chose ? a-t-il ajouté.

Ses joues s'empourprèrent tandis qu'elle posait brièvement le regard sur lui.

— Je présume…

Yogi Tarchin demeurait silencieux et parfaitement calme. Le seul mouvement dans la pièce se résumait à une traînée de fumée d'argent qui tournoyait paresseusement vers le haut à partir d'un bâton d'encens qui brûlait à la fenêtre.

— Je suis revenue d'Europe il n'y a que quelques mois, a commencé Serena.

— Oui, oui, a-t-il confirmé comme s'il était bien au courant de la chose, et comme pour la presser de continuer.

— Mon plan était de revenir à la maison pour prendre une petite pause. Mais depuis que je suis ici, je commence à me questionner sur les raisons qui m'amènent à vouloir retourner en Europe. Je pense que ce serait mieux et que je pourrais être plus heureuse si je restais ici.

Elle le regarda dans les yeux.

— Très bien, dit-il comme pour appuyer sa décision.

— Mais je ne suis pas sûre. Vous voyez, je suis célibataire. Je ne sais pas si Dharamsala est l'endroit pour moi. On ne rencontre pas ici le genre de personnes…

— Je vois, dit-il doucement après que ses mots se sont estompés.

Une étincelle de malice est soudainement apparue sur son visage.

— Tu veux que je me fasse diseur de bonne aventure ?

Le sourire de Serena était triste. En posant ses mains contre son cœur, elle dit :

— Vous avez des qualités…

— Il n'est pas nécessaire de te prosterner autant, dit-il en remuant l'index. Ce qui se présente à toi dépend de tes actions, de ton karma et des conditions que tu crées.

— Oh, a-t-elle fait bouche bée. Je pensais qu'il était possible que vous voyiez la vie des autres.

Yogi Tarchin répondit à sa déception.

— Tu n'as aucune raison de t'inquiéter, dit-il.

Elle le regarda d'un air implorant.

— Voyez-vous des enfants dans mon avenir ? Je commence à penser à un mode de vie très différent…

Ses mots restèrent suspendus dans la chaleur de l'après-midi avant que Yogi Tarchin ne lui réponde simplement :

— Tu as créé les conditions qui mèneront à beaucoup de bonheur.

Sans plus de mots, il lui communiqua un profond sentiment que tout irait bien.

Serena s'adossa de nouveau, détendant ainsi ses épaules.

Pendant un moment, leur entretien porta sur la façon dont les choses avançaient à l'Himalaya Book Café, ainsi que sur les plans de Yogi Tarchin pour demeurer à McLeod Ganj pendant plusieurs mois, tout en prodiguant ses enseignements. La conversation tirait à sa fin, et tandis que Serena remerciait Yogi Tarchin du temps passé ensemble, il lui prit les mains et la remercia à son tour pour avoir rétabli le contact.

Je descendis du giron du yogi en voyant Serena se lever, puis je la suivis sur le tapis. La lumière dans la pièce était encore plus faible maintenant — les trois panneaux dorés étant devenus argentés —, mais la pièce était débordante d'énergie. Serena partit avec le sentiment qu'au plus profond d'elle-même, tout allait bien et irait toujours bien.

Yogi Tarchin suivit Serena à la porte, puis l'observa pendant que nous nous éloignions dans le corridor, ma queue grise et touffue fièrement dressée à la suite de Serena. Elle était sur le point de tourner à l'extrémité du couloir quand il lui lança :

— Peut-être l'as-tu déjà rencontré.

— Vous voulez dire ici, à Dharamsala ? demanda-t-elle en se retournant.

— Je pense, a-t-il répondu en hochant la tête.

Plus tard, lors de la pause du chocolat chaud de fin de journée, Serena dit à Sam :

— Je souhaite vraiment à tout le monde de pouvoir rencontrer Yogi Tarchin, ou quelqu'un de sa trempe.

Bronnie suivait un cours, alors il n'y avait que nous trois et les chiens.

Serena raconta sa rencontre avec Yogi Tarchin, ainsi que la conversation qu'ils avaient eue. Pas un seul mot au sujet de ses perspectives amoureuses, bien entendu, mais beaucoup à propos de ce qu'il avait dit au sujet de l'esprit.

— Ça ne se résume pas seulement aux explications ou aux mots, dit-elle. C'est la sensation qu'on a en sa présence. Cette vibration. Je ne peux pas vraiment la décrire, mais quand on est avec lui, on se sent qualitativement différent.

Sam approuva de la tête.

— Il est la preuve vivante de ce qui arrive quand nous réalisons le plein potentiel de notre esprit, dit Serena, les yeux étincelants. *Tout* est possible. Ça va bien au-delà de choses comme la clairvoyance ou la télépathie, qui se produisent naturellement quand notre esprit n'est pas obstrué, m'a expliqué Yogi Tarchin.

— Même les esprits ordinaires sont plus capables de ce genre de choses que la plupart des gens ne le pensent, fit remarquer Sam.

Serena haussa les sourcils.

— La plupart des personnes expérimentent la télépathie ou la prescience à un certain point dans leur vie, mais ils n'y pensent qu'en termes d'événements fortuits, a-t-il poursuivi. Des coïncidences. La plupart des scientifiques ne chercheront même pas de preuves pour appuyer l'éventualité d'une perception extrasensorielle, entre autres parce qu'ils croient que ce sont des bêtises. Ironiquement, c'est une attitude tout à fait non scientifique parce que la plupart d'entre eux écartent le sujet sans avoir même regardé les preuves.

Il rit dans sa barbe.

— Intéressant de voir comment, à travers les époques, les gens ont été soit vénérés, soit vilipendés, lorsqu'ils ont fait montre de pouvoirs mystiques. Une réaction beaucoup plus sensée, pourrait-on penser, aurait été de se dire : Comment pourrais-je, moi aussi, acquérir ces pouvoirs ?

— Exactement.

— De façon innée, nous sommes programmés pour les acquérir.

Sam avait fait cette affirmation avec une telle confiance que Serena avait haussé un sourcil. Après avoir déposé sa tasse, il marcha jusqu'à un rayon de la librairie, en retira un livre, puis revint avec.

— Il y a des tonnes d'études là-dedans ; des tests cliniques faits en bonne et due forme par des scientifiques qui étaient disposés à étudier les choses objectivement. Elles prouvent que le soi-disant paranormal est en fait normal. Une expérience que j'aime, qui a été répétée un certain nombre de fois, branche des personnes à un détecteur de mensonges pendant qu'elles regardent une séquence d'images sur ordinateur, qu'elles soient émotionnellement paisibles, comme des paysages, ou carrément choquantes, comme des cadavres ouverts pendant une autopsie. Un ordinateur choisit aléatoirement les images, de sorte que personne, pas même les chercheurs, ne sache si la prochaine image sera paisible ou choquante. Qu'est-ce qui se produit, pensez-vous ?

— L'aiguille s'active frénétiquement chaque fois que les gens aperçoivent une image choquante ?

Il secoua la tête.

— Trois secondes *avant* qu'ils n'aperçoivent une image choquante. Avant que l'ordinateur n'ait même procédé à la sélection. C'est de la prescience. Et ceux qui ont participé à l'étude n'étaient que des gens ordinaires.

Serena se rassit dans son fauteuil avec un sourire. Après avoir fini mon lait, je regardai le giron disponible comme une invitation.

— L'esprit n'est pas simplement un ordinateur fait de viande, dit Sam.

— Et nous ne sommes pas simplement des êtres humains capables d'expériences spirituelles, rajouta Serena, mais également des êtres spirituels capables d'expériences humaines.

En pétrissant ses jambes, je plongeai mes griffes dans ses vêtements pour un instant. Elle grimaça avant d'ajouter :

— Ou d'expériences félines.

— Naturellement, dit Sam, pince-sans-rire.

Cette nuit-là, quand je me suis lovée sur le lit que je partageais habituellement avec le dalaï-lama, je réfléchis aux perceptions extraordinaires de l'esprit que nous avait révélées Yogi Tarchin. Et je me suis rendu compte que le vrai bonheur est seulement possible à l'aide d'une compréhension panoramique de l'esprit. Une perception limitée, à ras notre paquet d'os, comme il l'a dit, ne pourra jamais nous apporter qu'un bonheur limité — des plaisirs sensoriels éphémères, une satisfaction provisoire, des expériences qui se consument en quelques instants merveilleux avant de s'éteindre lentement. Mais le sentiment de profond bien-être chez les personnes comme Yogi Tarchin et Sa Sainteté est si fort que vous pouvez réellement le sentir. Et ça n'a rien à voir avec les plaisirs provisoires : Yogi Tarchin n'en a eu aucun pendant douze ans ! Non, ce sentiment était immense, durable et profond — un bonheur d'un ordre très différent.

Il y a un sentiment de danger imminent quand Sa Sainteté revient dans la pièce. Il est jeune, le milieu de la vingtaine. Une dame tibétaine plus âgée, avec un visage aimable et courageux, l'accompagne. Son châle de brocart est attaché au cou par un fermoir turquoise. Elle a la prestance d'une reine.

Derrière les deux se trouvent un certain nombre de moines assistants, qui se déplacent instamment autour de la pièce. Ils rassemblent des papiers, emballent des articles personnels dans des caisses, enroulent des tapis méticuleusement tissés. Je reconnais l'un d'entre eux comme le très jeune Geshe Wangpo. Ils sont très pressés.

Étendue sur le rebord de la fenêtre, je regardais au-dehors vers le palais du Potala, à travers Lhassa, où les montagnes émergent de l'autre côté de la vallée. Lorsque je vois le dalaï-lama entrer dans la pièce, je lève la tête pour regarder.

Sentant une légère démangeaison, je soulève ma jambe arrière droite et me gratte à plusieurs reprises. Regardant vers le bas, je vois que ma jambe est courte et entièrement recouverte de fourrure hirsute. Ma queue est également courte, et elle s'assortit d'un duvet laineux. Au lieu de mes griffes rétractables, mes onguicules sont larges et émoussés. Sa Sainteté vient et me prend.

— C'est le jour que nous craignions tous, a-t-il doucement chuchoté à mon oreille. L'Armée rouge envahit le Tibet. La décision a été prise, et je dois quitter Lhassa dès que possible. Ma garde rapprochée ne peut te porter à travers les montagnes. Ce serait injuste pour tout le monde. Mais Khandro-la s'occupera très bien de toi ici au Tibet. Elle veillera sur toi comme si tu étais moi.

Je comprends maintenant pourquoi la dame avec le fermoir turquoise est là. C'est un moment de chagrin intense. Émane-t-il du dalaï-lama ou de moi ?

Se tournant vers la fenêtre, de sorte qu'il n'y a plus que nous deux pour contempler la vallée en contrebas, Sa Sainteté chuchote :

— Je ne sais pas combien de temps je devrai partir. Mais je te promets que nous nous retrouverons, ma petite.

Il fait une pause, avant d'ajouter :

— Même si ce n'est pas dans cette vie, ce sera très certainement dans une vie à venir.

Pendant que cela se produit, je sais que mon rêve est un rêve. Mais pas tout à fait, car ce rêve me permet aussi de faire une incursion, brève mais non voilée, dans mon passé.

En tant que chien…

Chapitre 7

MOI ?!?!

Je ne feindrai pas, cher lecteur, d'avoir été pour le moins stupéfaite par ce rêve. Toutefois, après la rencontre avec Yogi Tarchin, je n'avais aucun doute quant à la véracité de ce que j'avais vu. Pendant quelques instants extraordinaires, j'avais été capable de rejouer une expérience consciente antérieure.

Puis, tout s'est éclipsé.

Réveillée tôt le lendemain matin, je me suis souvenue que Yogi Tarchin avait parlé de « la chance d'avoir un guide qui pourrait nous atteindre à travers cette agitation ». Et j'ai su que peu importe où le dalaï-lama se trouvait dans le monde, mon rêve était un véritable cadeau. C'était l'affirmation du lien qui me reliait à lui — un lien, étais-je étonnée de découvrir, qui remontait jusqu'à une vie antérieure.

Peut-être ne devrais-je pas être si stupéfaite. Que la loi de cause à effet, ou karma, s'étende sur plusieurs vies, n'était-ce pas un enseignement bouddhiste conventionnel ? La raison pour laquelle de bonnes choses arrivent à de mauvaises personnes, et de mauvaises choses à de bonnes personnes, ne résulte pas nécessairement des causes qu'elles ont créées dans cette vie-ci. Comme je venais juste d'en faire l'expérience, même le plus fin des voiles nous empêche de passer en revue, avec une clarté parfaite, des moments antérieurs de conscience. Et que pouvait bien signifier le passage de quelques décennies dans le cadre d'une existence infinie, sinon un saut momentané d'un endroit à un autre ? Néanmoins, le rêve ouvrait la porte à des possibilités que je n'avais jamais considérées, en l'occurrence ce que j'avais été dans mes vies antérieures.

Mais *quoi* ?

On dirait un Lhassa apso, quand le dalaï-lama a été contraint à l'exil en 1959.

L'idée selon laquelle j'avais été un chien était profondément déconcertante. Cela met certainement en perspective mes malheurs en ce qui a trait au manque de documentation sur l'impeccabilité de mon origine himalayenne. La descendance, le pedigree, et ainsi de suite, perdaient soudainement de leur importance comparés aux questions beaucoup plus importantes entourant ma conscience. Où était-elle allée ? Qu'avait-elle éprouvé ? Qu'avait-elle fait ? Les réponses à ces questions faisaient sentir leurs effets dans l'ici et maintenant. Même si, comme les autres félins, je considère notre espèce supérieure aux canins, une chose que je ne peux nier, c'est que les chiens ont une conscience. Comme les chats et les êtres humains, ils se rangent dans la catégorie des *sem chens,* expression tibétaine pour *détenteurs d'un esprit.*

De cette curieuse façon qu'ont parfois des événements apparemment indépendants de se produire en même temps et de nous diriger vers une vérité simple et indubitable, quelques jours seulement après mon rêve, je suis tombée par hasard sur la conversation la plus intrigante que j'aie jamais entendue à l'Himalaya Book Café. L'individu qui menait la conversation n'était pas membre du club de lecture de Sam, même s'il était réputé pour être le meilleur de tous les participants. Biologiste dans une des grandes universités de Grande-Bretagne, c'était un chargé de recherche, dont les études sur la mémoire et la conscience avaient été publiées et étaient rapidement devenues des best-sellers dans le monde entier. En visitant McLeod Ganj, il s'est trouvé à passer devant le café. Il était 10 heures du matin et il avait décidé qu'il était d'humeur pour une tasse de café. Dès qu'il entra, il tomba directement sur une grande affiche de lui, située au-dessus d'une pile encore plus grande de son dernier livre. Alors qu'il portait précisément la même veste en tweed, la même chemise vert forêt et les mêmes pantalons en velours côtelé que sur la photo, il fit une pause pour la regarder attentivement, puis il se rendit compte que, derrière le comptoir, Sam posait les yeux sur l'affiche, puis sur lui, et encore sur l'affiche.

Quand leurs regards se croisèrent, ils éclatèrent tous deux de rire.

Sam descendit alors les marches et tendit la main.

— C'est un grand honneur de vous avoir dans notre librairie, dit-il. Si j'avais su…

— Je passais justement devant, dit le biologiste dans un fort accent. Je ne connaissais pas cet endroit.

— Je suis sûr que vous entendez ça tout le temps, mais je suis un *grand* fan de votre travail ! lui répondit Sam. Je vous suis depuis des années. Nous avons tous vos livres.

Il fit un geste vers les rayons derrière lui.

— Voudriez-vous en signer quelques-uns ?

— J'en serais ravi, dit le visiteur.

Sam l'amena au comptoir tout en saisissant une pile de livres en chemin. Puis il lui présenta un stylo.

— Si j'avais su que vous veniez à Dharamsala, je vous aurais invité à parler devant notre club de lecture.

— Une simple visite éclair, dit le scientifique.

— Tant de personnes ici seraient enchantées de faire votre connaissance, poursuivit Sam.

Tandis que l'auteur passait à travers la pile de livres, une pensée vint à Sam.

— Je suppose que vous n'êtes pas libre à l'heure du déjeuner aujourd'hui, n'est-ce pas ? Autrement, je pourrais inviter quelques personnes.

— J'ai une réunion à 11 heures qui, je crois, ne devrait pas durer plus d'une heure, dit le biologiste. Après quoi, si ça se trouve, je suis libre pendant un petit moment.

Au moment où le scientifique est revenu, dix personnes assises à une table près de la librairie attendaient de déjeuner avec lui. En plus de Serena et de Bronnie, le groupe comprenait Ludo et certains de ses étudiants de yoga, Lobsang de Jokhang, ainsi que quelques autres que je reconnaissais pour les avoir vus participer au club de lecture. Comme d'habitude, l'atmosphère dans le café était animée et optimiste ; aussi, quand l'invité arriva, il fut accueilli comme un ami, mais avec les plus grands honneurs. Des plats furent commandés, des boissons servies, et pendant que chacun attendait son repas, Sam se tourna vers le biologiste et demanda :

— Êtes-vous en mesure de partager avec nous ce sur quoi vous travaillez actuellement ?

— Certainement, dit-il. Un domaine de recherche que j'explore depuis de nombreuses années est la sensibilité des animaux. Ce que signifie la conscience chez les êtres non-humains et comment elle diffère de la nôtre.

— Comme les chiens qui peuvent entendre des sons que nous ne pouvons pas discerner ? demanda un des membres du club de lecture.

— Les différences perceptuelles en font partie, répondit l'invité. Et il est intéressant de constater à quel point les animaux sont de plus en plus utilisés pour leurs capacités de perception. Nous sommes tous habitués aux chiens guides pour aveugles, mais maintenant nous voyons une panoplie d'applications beaucoup plus larges : des chiens pour diabétiques, par exemple, qui alertent leur propriétaire d'une hypoglycémie en détectant un changement d'odeur dans leur haleine.

» Et puis, a-t-il continué, il y a de nettes améliorations qui ont été rapportées chez les patients souffrant de paralysie cérébrale, d'autisme et de trisomie 21 après des rencontres directes avec des dauphins. Qu'y a-t-il au sujet de ces créatures particulières pour qu'elles puissent induire des changements si spectaculaires ? On a établi que la conscience perceptuelle des dauphins est sous certains aspects considérablement supérieure à celle des êtres humains. Qui plus est, les cétacés sont les seuls mammifères, à l'exception des êtres humains, à montrer clairement des aptitudes pour l'apprentissage vocal. En comprenant mieux les pouvoirs de perception et de communication des dauphins, pourrions-nous créer différentes modalités de traitement pour des patients présentant une paralysie cérébrale ?

Sukie, du studio de yoga, ne pouvait plus contenir son enthousiasme.

— J'ai entendu l'histoire d'une femme qui a eu l'occasion de nager avec des dauphins. Un dauphin n'arrêtait pas de lui donner de petits coups à l'abdomen. Puis, sans avertir, il l'a fait basculer, de sorte qu'elle s'est retrouvée sur le dos à la surface de l'eau. Elle en a eu le souffle coupé, toutefois par mesure de précaution, on décida de l'amener aux urgences. Lorsqu'on lui fit passer une radiographie, on trouva une tumeur à l'estomac, à l'endroit même où le dauphin lui avait donné des coups. Heureusement, c'était traitable.

Le biologiste hocha la tête.

— Il existe beaucoup d'histoires comme celles-là, et une partie de mon travail est de les colliger dans une base de données et de m'assurer qu'elles sont étudiées de façon appropriée. Comme vous le suggérez, il y a beaucoup d'aspects de la sensibilité non humaine qui dépassent actuellement notre entendement mais qui pourraient s'avérer extraordinairement utiles.

» La prescience animale est bien établie, précisa le scientifique. Depuis les temps les plus anciens, les gens ont remarqué que le comportement des animaux devenait inhabituel avant les tremblements de terre. Les animaux tant sauvages que domestiques deviennent craintifs ou anxieux, les chiens hurlent, les oiseaux s'envolent. Un exemple des plus fascinants a été observé par un biologiste qui a étudié le comportement reproductif des crapauds au lac San Ruffino, en Italie centrale. Il a constaté que le nombre de crapauds mâles dans un groupe d'élevage était passé de plus de 90 à presque 0 en l'espace de quelques jours. Puis il y eut un tremblement de terre d'une magnitude de 6,4, suivi de répliques sismiques. Les crapauds ne sont pas revenus avant dix autres jours. Il s'avère que des jours à l'avance, ils avaient détecté ce qui était sur le point d'arriver.

— Des tremblements de terre. Peut-être que les crapauds ont des pattes particulièrement sensibles ? a suggéré quelqu'un.

— Si oui, on pourrait penser que les sismologues auraient pu observer la même chose, a répondu le scientifique. Peut-être qu'ils auraient remarqué quelque changement subtil dans le champ électrique. Mais vous savez, ce ne sont pas simplement les crapauds qui ont cette capacité. Le grand tsunami qui a frappé l'Asie en décembre 2004 a été anticipé par différentes espèces animales. On a rapporté que des éléphants du Sri Lanka et de Sumatra s'étaient déplacés bien au-delà du niveau de la mer quand les vagues ont déferlé, et que les buffles ont fait à peu près la même chose. De même, les propriétaires de chien ont constaté que leur chien ne voulait pas aller près de la plage pour leur promenade habituelle du matin.

— Un système d'alerte aux tsunamis pourrait être créé en utilisant les animaux, a proposé Ludo.

— J'en ai fait moi-même la suggestion, dit le biologiste.

— Et si la capacité à anticiper des tremblements de terre n'avait rien à voir avec la sismologie ou les champs électriques ? demanda Bronnie. Et si c'était une sorte de conscience que les animaux avaient ?

— Tu veux dire une sorte d'instinct de survie ? a suggéré Ludo.

Le biologiste se tourna vers tous les deux.

— Vous pourriez bien avoir raison, a-t-il répondu. Il y a des preuves pour affirmer que les animaux ont la capacité de saisir des choses que certains qualifieraient de paranormales. Comme le phénomène des chiens qui savent à l'avance quand leur propriétaire rentre à la maison.

— Vous avez écrit un livre là-dessus, a fait observer Sam.

— En effet. Il ne fait aucun doute que certains animaux peuvent intuitivement détecter des choses telles que le moment où leurs propriétaires quittent le travail pour rentrer à la maison. Un système de circuit fermé par caméra a montré que les chiens se lèvent et s'assoient près de l'entrée principale ou d'une fenêtre au moment exact où leurs propriétaires quittent le bureau, peu importe l'heure qu'il est. Dans certains cas, les chiens deviennent excités lorsqu'ils sentent l'arrivée imminente d'une personne qui s'est absentée de la maison pendant des jours ou des semaines. Un employé de la marine marchande ne disait jamais à son épouse quand il reviendrait à la maison, au cas où il aurait du retard, mais elle le savait toujours de toute façon, car elle n'avait qu'à se fier au chien.

— J'ai toujours pensé que les chiens avaient quelque chose de spécial, déclara un des membres du club de lecture.

Étendue sur mon porte-magazines, mes poils se sont hérissés. Puis je me suis rappelé mon rêve, et je me suis détendue de nouveau.

— Mais il y a également des histoires de chats qui font la même chose, dit le scientifique. Un couple qui était parti en mer pendant plusieurs mois avait demandé à leur voisin de nourrir le chat. Non seulement ils ne connaissaient pas la date exacte de leur retour, mais quand ils sont rentrés à la maison, une miche de pain frais et un litre de lait les attendaient dans le réfrigérateur. Les voisins les attendaient, car pour la première fois depuis qu'ils étaient partis, leur chat s'était installé sur la place de parking devant leur maison et avait passé toute la journée à fixer la rue.

Il y eut des sourires tout autour de la table.

— On pourrait dire que le fait de savoir d'où viendra votre prochain repas est un élément de survie important, dit le scientifique en jetant un coup d'œil à Ludo. De même, beaucoup de données montrent que bon nombre d'animaux, particulièrement ceux qui sont les plus vulnérables à la prédation, peuvent sentir qu'on les observe, ce qui peut être vraiment crucial à leur survie.

— Il a écrit un livre là-dessus aussi, annonça Sam.

L'auteur rit.

— D'autres aspects de la sensibilité animale vont encore plus loin. Comme les travaux de la scientifique Irene Pepperberg avec un perroquet gris africain appelé Alex, présentés dans un livre que je n'ai pas écrit, a-t-il souligné en souriant à Sam, mais qui a inspiré d'autres chercheurs. Il est bien connu que les perroquets ont la capacité non seulement d'apprendre des mots, mais de les utiliser à bon escient. Ils connaissent la différence entre le rouge et le vert, un carré et un cercle, etc. Ils comprennent également, et peuvent communiquer, la différence entre présent et absent.

» Une autre chercheuse qui avait un perroquet gris africain a découvert que l'oiseau semblait anticiper ses pensées. Une fois, quand elle a pris le téléphone pour appeler son ami Rob, le perroquet a spontanément dit : « Salut Rob ! » Une autre fois, elle regardait une photo d'une voiture mauve, et l'oiseau, qui était à l'étage à ce moment-là, a crié : « Regarde le beau mauve. » Le plus étrange de tout, c'est lorsque la propriétaire de l'oiseau a fait un rêve dans lequel elle utilisait un magnétophone. Le perroquet, qui dormait près d'elle, a dit tout haut : « Il faut pousser le bouton », et ce au moment même où elle s'apprêtait à le faire en rêve. Il l'a réveillée !

— Il lisait dans ses pensées ? demanda Bronnie.

— Le perroquet a été rigoureusement testé sur ce point. Je simplifie beaucoup, mais essentiellement, les réponses de l'oiseau ont été enregistrées pendant qu'il essayait de reconnaître des images que sa propriétaire regardait dans une autre pièce. Les images représentaient des choses comme une bouteille, une fleur, un livre et même un corps nu. Au demeurant, l'oiseau a réussi à visualiser le corps nu. Sur 71 essais, son résultat a été de 23 bonnes réponses, ce qui est bien supérieur au simple hasard.

» Tout ce que cela nous dit, poursuivit le biologiste, c'est que les êtres non humains partagent non seulement beaucoup d'éléments de conscience avec nous, mais ils ont des capacités perceptuelles différentes qui, dans certains cas, peuvent même être plus subtiles que les nôtres.

— Plus sophistiquées, a suggéré quelqu'un.

— C'est un jugement de valeur, dit le biologiste avec un sourire, mais certains seraient d'accord avec vous. Toutefois, nous ne devrions pas oublier qu'il y a beaucoup de choses que nous ignorons toujours sur la conscience humaine.

Tout le temps pendant lequel le biologiste parlait, Lobsang écoutait soigneusement : une présence sereine drapée de tuniques rouges. Puis il finit par demander :

— Est-ce la conscience humaine qui vous a amené à McLeod Ganj ?

Le scientifique hocha la tête.

— Le bouddhisme a beaucoup à enseigner au monde en ce qui a trait à la nature de l'esprit : ce qu'il est, ce qu'il n'est pas, et comment les théories créent des divisions dans notre compréhension de la conscience qui n'existent pas réellement.

— L'esprit transcende le monde de la pensée, dit Lobsang.

Le biologiste le regarda avec une profonde reconnaissance.

— Tout à fait. Et cette vérité simple, mais profonde, est quelque chose que nous, les êtres humains, trouvons difficile à saisir.

Ce soir-là, j'accompagnai Serena à son cours de yoga. Depuis les dernières semaines, j'étais devenue comme une sorte de participante régulière. Plutôt que de demeurer assise seule dans un appartement vide, je préférais de loin être perchée sur le banc en bois au studio, à écouter Ludo et à observer ses étudiants pratiquer une série d'asanas avec laquelle je devenais de plus en plus familière. Plus particulièrement, j'aimais les discussions qui suivaient sur le balcon et la compagnie chaleureuse que je ressentais, étendue sur le tapis, tandis que Serena et les autres sirotaient leur thé vert, tandis que les montagnes déployaient leurs propres rituels nocturnes et que leurs sommets de glace passaient lentement du blanc à l'or poli, puis au rouge cerise, alors que le coucher de soleil nous offrait ses propres salutations.

Le cours du soir se déroulait comme d'habitude, les étudiants ayant travaillé une série d'asanas debout avant de s'asseoir sur leurs tapis pour des torsions assises. Vêtu d'un pantalon ample et d'un t-shirt, Ludo marchait pieds nus autour de la pièce, procédant à un ajustement ici, à une suggestion là, pendant qu'il scrutait la posture de chaque étudiant dans le menu détail.

C'était au moment où Ludo se tenait dos au balcon, dirigeant la classe dans l'exécution de *Marichyasana III*, la posture du sage, que j'aperçus un mouvement soudain. Derrière lui, sur la balustrade du balcon, un rat énorme apparut, sorti de nulle part, et fit une pause sur l'écharpe de Serena. Elle l'avait, comme d'habitude, drapée sur la balustrade avant d'entrer pour le début du cours.

Je ne dirais pas que c'est l'emplacement précis du rat qui m'a incitée à réagir de la sorte, mais je connaissais la valeur que Serena attribuait à cette écharpe. Bien que délavée et usée, l'écharpe jaune, avec ses hibiscus brodés, avait une grande valeur sentimentale ; c'était le seul cadeau qu'il lui restait encore de son père. Je l'avais entendue raconter comment il lui avait offert un soir sur le balcon de leur maison, alors qu'elle n'avait que 12 ans.

La présence inopportune d'un rongeur provoqua en moi un bruit dont je ne me serais jamais cru capable. Sourd et fort à la fois, c'était un avertissement d'un présage si terrible que j'ai pu voir un froid glacial dans les yeux de Ludo avant qu'il ne se tourne vers l'extérieur. Au moment où il posait le regard sur le balcon, le rat était parti. Ludo sortit, s'arrêta pour un instant, puis regagna prestement la pièce.

— S'il vous plaît, tout le monde : levez-vous calmement, récupérez vos chaussures et quittez les lieux. Il y a un feu à côté !

Puis, en regardant le grand jeune homme indien dans la deuxième rangée, Ludo demanda :

— Sid, pouvez-vous utiliser cet extincteur sur le balcon ?

Sid hocha la tête.

— Je vais chercher celui dans la cuisine et je reviens par l'arrière.

Tous les autres ont couru récupérer leurs chaussures et se sont précipités au-dehors. Serena m'a saisie en chemin. En l'espace de quelques instants, nous étions regroupés de l'autre côté de la rue, en face de la maison de Ludo, bouleversés par ce qui se passait de l'autre côté.

Des flammes s'échappaient d'une fenêtre à l'avant de la maison voisine. De la fumée noire se propageait, de pair avec une odeur d'huile. L'avant-toit était déjà en feu. L'espace entre cette corniche et celle de la maison de Ludo était très étroit.

Me tenant fermement d'une main, Serena se servit de l'autre pour appeler le Service d'incendie de Dharamsala. Plusieurs autres étudiants se précipitèrent dans la maison voisine pour voir ce qui pouvait être fait de l'intérieur. D'autres encore partirent à la recherche de tuyaux d'arrosage et de seaux d'eau.

Sur le coin du balcon, Sid aspergeait l'avant-toit de la maison de Ludo à l'aide de son extincteur, avant de le pointer sur les flammes qui sortaient de la fenêtre de la cuisine d'à côté. Ludo fonça vers l'entrée principale de sa maison avec un deuxième extincteur, au moment même où une boule de feu fusait du toit de la cuisine d'à côté. Ludo concentra son jet sur le toit, la puissante mousse ainsi libérée faisant complètement fuir les flammes… jusqu'à ce qu'elles éclatent, quelques instants plus tard, un peu plus loin.

Sukie et Merrilee apparurent, traînant l'extrémité d'un tuyau d'arrosage provenant d'une maison à proximité.

— N'approchez pas ça de la cuisine ! cria Ludo par-dessus son épaule. C'est probablement un feu alimenté par l'huile. Utilisez plutôt le tuyau pour humidifier les murs de la maison !

La femme et les trois enfants de la maison en flammes s'étaient réfugiés de l'autre côté de la rue. Avec son autorisation, Ludo entra chez elle, cherchant la source de l'incendie. Les fenêtres enfumées laissaient entrevoir une lueur orange. Après deux jets d'extincteur, l'orange a tourné au noir.

Sur le balcon, un Sid souillé par la fumée combattait dangereusement les flammes près du toit de Ludo. Ne les avait-il pas contenues à l'aide de l'extincteur qu'elles reprenaient vie aussitôt. Plus il les combattait, plus le jet qui sortait de l'extincteur perdait de sa vigueur. Puis, le jet coupa net. Les flammes reprirent de plus belle, gagnant rapidement du terrain sur les corniches voisines, avant de se répandre sans grand effort jusqu'à la maison de Ludo.

Des cris de stupeur se firent entendre parmi tous ceux qui s'étaient rassemblés dehors. On avait dit à Serena qu'un camion de pompier serait là en vingt minutes. Mais d'ici là, la maison de Ludo et le studio de yoga avaient le temps d'être complètement engloutis par les flammes.

Sid avait disparu du balcon, avant de réapparaître dans l'entrée principale.

— Nous avons besoin de plus d'extincteurs ! cria-t-il aux gens de l'autre côté de la rue.

— Les gens sont en train de demander aux voisins, lui répondit Serena. Deux autres s'en vont chez le quincaillier.

Une explosion assourdissante se fit entendre quelques instants plus tard à l'intérieur de la maison du voisin, une boule de feu étant projetée hors de la cuisine jusque sur la maison de Ludo. Les efforts de Ludo pour combattre le feu de l'intérieur semblaient également vains. Il apparut bientôt devant l'entrée principale, brandissant son extincteur.

— Il est vide ! hurla-t-il en traversant rapidement la rue.

Pendant un instant, Ludo et Sid étaient tous les deux là à fixer le feu. Il avait désormais une bonne emprise sur la corniche et le toit des voisins, et il avait même traversé sur le balcon de Ludo. Les étudiants, qui aspergeaient maintenant d'eau les murs des deux propriétés, luttaient en vain. En un rien de temps, le toit de la propriété voisine fut complètement en feu, et celle de Ludo suivrait rapidement.

Une foule de spectateurs s'était formée ; des voisins et des passants qui étaient stupéfiés, inquiets et subjugués par le brasier. Il a semblé qu'un temps infini s'était écoulé, même si ce n'était que quelques minutes, avant qu'une vieille Mercedes blanche apparaisse, fonçant sur la rue en notre direction, puis freinant brusquement devant la maison en flammes. Avant même que la voiture ne s'immobilise complètement, des hommes vêtus d'uniformes blancs et de casquettes marron descendaient des deux portes arrière. Ils tenaient des extincteurs considérablement plus grands que les deux utilisés par Ludo et Sid.

La porte du conducteur s'ouvrit et il en sortit une figure reconnaissable dans une veste foncée et une casquette grise. Ce n'était nul autre que le Maharajah lui-même. Sid et Ludo accoururent tandis qu'il ouvrait le coffre de la voiture et ils en sortirent deux extincteurs géants. Brandissant leur nouvelle bombonne, Ludo conduisit le personnel du Maharajah dans la maison du voisin, alors que Sid et le Maharajah entraient chez Ludo. Deux étudiants saisirent les extincteurs restants et les suivirent à l'intérieur.

En moins d'une minute, il ne restait du feu que des filets de liquide sombre et mousseux qui s'écoulaient des murs des deux maisons jusque dans la rue, ainsi que l'odeur âcre de la fumée et des émanations chimiques. Au loin, nous pouvions entendre une sirène tandis que le camion de pompiers se rapprochait de nous.

Après le départ du Maharajah et de ses deux préposés, le Service d'incendie examina les dommages. Plusieurs poutres de soutien avaient été sévèrement endommagées, et jusqu'à ce qu'elles soient remplacées, le balcon ne serait pas sécurisé. Les meubles avaient glissé d'un côté, là où le plancher pouvait céder à tout moment. En jetant un regard au bâtiment, qui avait été sa maison et son studio de yoga pendant des décennies, Ludo semblait soulagé de ne pas le voir complètement détruit. En dépit des dommages, il disait que les choses auraient pu être bien pires.

— Sans l'intervention du Maharajah, fit observer Serena en ajustant son écharpe préférée autour de ses épaules, qui sait comment les choses auraient pu se terminer ?

Des murmures de consentement se firent entendre. Ludo et Sid échangèrent un regard significatif.

Les étudiants retournèrent à l'intérieur du bâtiment. Ils se sont rassemblés comme d'habitude, mais cette fois à l'intérieur. Serena avait commandé des repas à emporter de l'Himalaya Book Café, et de grandes boîtes de pizza faisaient bientôt le tour de la pièce, de pair avec une carafe de vin rouge, très utile pour se calmer les nerfs.

— Ce que j'essaye de comprendre, s'est demandé Sukie, c'est comment le Maharajah a pu savoir qu'il y avait un feu.

— Peut-être que quelqu'un l'a appelé, a suggéré Ewing.

— On dit de lui qu'il est très orienté vers la communauté, ajouta quelqu'un.

— C'est ce que j'ai entendu aussi, a convenu Serena. Et il semble souvent se promener sur cette rue le soir venu. Peut-être a-t-il vu le feu lui-même.

— Quoi qu'il en soit, je ne sais pas si je peux lui être suffisamment reconnaissant d'avoir sauvé ma maison, dit Ludo.

— Il n'a pas voulu rester pour un verre de vin ? demanda Merrilee de sa voix de fumeuse, tout en remplissant son propre verre.

— Il ne boit probablement pas, dit Sid. Et il est très réservé. Il n'aime pas l'agitation.

— Je devrais organiser une rencontre personnelle pour le remercier, proposa Ludo.

— Excellente proposition, a convenu Sid. Mais je pense que vous oubliez le *vrai* héros de la soirée, celle sans qui le feu aurait fait beaucoup plus de dommages, et ce avant même qu'on sache ce qui se produisait.

Il y eut une pause avant qu'ils ne se retournent tous pour me regarder.

— Swami !

— Vous avez raison, dit Ludo en se levant de sa chaise pour venir là où j'étais assise à côté de Serena.

Il a semblé se prosterner tandis qu'il se mettait à genoux sur le tapis devant moi.

— Je pense que je n'oublierai jamais le bruit que tu as fait, dit-il en me caressant avec reconnaissance.

— C'était à glacer le sang, fit remarquer Merrilee avec un frisson.

— Ça m'a donné la chair de poule, renchérit Sukie.

— Vous vous demandez comment ils savent, a réfléchi Carlos, en ajustant son bandana griffé.

— Oh, je pense que les chats en savent bien plus que ce que nous sommes prêts à reconnaître, a fait remarquer Ludo. Beaucoup plus que ce que nous voulons admettre.

Un moment s'écoula avant que Serena ne prenne la parole :

— Comme nous en parlions plus tôt au café.

Ludo, Sid et plusieurs autres approuvèrent de la tête.

À l'intention de ceux qui n'étaient pas là lors du déjeuner, Serena répéta ce que l'éminent biologiste avait dit au sujet de la conscience des animaux.

— Il nous a dit que les animaux avaient la capacité de percevoir des choses imperceptibles pour les êtres humains. Apparemment, la perception sensible des chats est telle que peu de gens s'arrêtent pour la considérer.

— J'ai déjà entendu parler d'un porc domestique, dit Ewing, qui a réveillé ses propriétaires en tirant sur leur couvre-lit en pleine nuit. La maison était en feu, et ils dormaient à poings fermés. Ils ont reconnu que le porc leur avait sauvé la vie.

— Tout comme Swami a contribué à sauver le studio et ma maison, a fait observer Ludo.

— Pensez-vous que c'est l'odeur du feu qui l'a fait réagir ? a demandé un yogi du nom de Jordan.

— Une odeur ?

— Ou elle pourrait avoir vu de la fumée, suggéra quelqu'un.

— Le sixième sens, dit Carlos, afin d'offrir une explication plus flatteuse.

Je me suis rappelé le rat énorme qui était sorti de nulle part, et mon choc en le voyant, suivi du miaulement involontaire que son apparition avait provoqué.

— Elle a certainement su nous avertir ! dit Merrilee.

Ludo m'a regardée avec une expression de profonde gratitude.

— Juste pour ça, Swami sera toujours une invitée d'honneur dans notre studio.

Ce n'est que plus tard, alors que nous quittions les lieux et que les gens étaient dans le couloir en train de mettre leurs chaussures, que Merrilee nota l'écharpe de Serena.

— Tu as eu de la chance, dit-elle en prenant un bout du tissu entre le pouce et l'index. Tu laisses normalement ceci…

— … sur le balcon, a terminé Serena. Il serait parti en fumée.

— Mais pas ce soir ?

— C'est ce qui est étrange, dit Serena. J'aurais juré l'avoir mise dehors. Mais apparemment, elle était ici, près de mon sac, tout au long du cours.

— Tu ne penses pas..., a commencé Merrilee.

— La voilà ! s'est exclamé Sid en caressant mon visage avec le bout de ses doigts lisses, alors que Serena me tenait dans ses bras. Elle est très spéciale.

Qu'était-ce donc qui m'incitait à me sentir si près de ce grand homme indien aux yeux pétillants ?

— Celle qui sait beaucoup mais qui parle peu, a-t-il continué.

J'ai regardé Sid en me rappelant le rat sur l'écharpe. Si je savais beaucoup mais que je parlais peu, que pourrais-je dire à son sujet ?

Plus tard dans la soirée, je me lovai sur la couverture de yak que Sa Sainteté gardait sur son lit à mon usage exclusif. Tandis que je planais dans cet état doux et assoupi entre le stade éveillé et le sommeil, des images du rêve de la nuit dernière ainsi que du feu de ce soir défilaient dans mon esprit — et j'ai pensé à ce que le biologiste avait dit au sujet de la sensibilité des animaux. Il m'est apparu qu'un des faits les plus évidents à propos du bonheur, mais souvent oublié, c'est que nous, *sem chens* — humains, félins et même rongeurs —, sommes tous égaux dans notre désir d'y accéder. Si chacun de nous avait été un genre de *sem chen* dans une vie antérieure, et pourrait encore l'être à l'avenir, alors le bonheur de tous les êtres vivants, peu importe l'espèce, serait notre seul objectif valable.

Chapitre 8

Explorer l'art du ronronnement avait exigé des torsions beaucoup plus incroyables que je n'aurais pu imaginer. Mais en dépit de la sagesse que j'avais acquise au cours des dernières semaines, une question fondamentale au sujet du bonheur continuait de me préoccuper : pourquoi pouvais-je être heureuse à trottiner, à m'occuper de mes petites affaires, puis, sans raison, ressentir un soudain mécontentement ? Un matin particulièrement productif passé à méditer, à me toiletter et à jouer du violoncelle — comme nous, les chats, référons à cet aspect le plus intime de notre routine de toilettage — pouvait sans raison passer au gris et à la monotonie. Un après-midi à l'Himalaya Book Café qui avait commencé par une merveilleuse promesse de bonheur, un plat de truite de mer pochée, pouvait se terminer de façon si apathique et morose. Rien de particulier n'était arrivé pour exprimer ce changement d'humeur. Aurais-je été chassée de mon rebord de fenêtre, un enfant malicieux m'aurait-il tiré la queue, ou quelqu'un aurait-il interrompu ma sieste pour une séance de photos imposée — telle est la rançon de la gloire — que ma mauvaise humeur aurait été parfaitement compréhensible.

Mais rien de tout cela ne s'était produit. C'est donc dire que je ne comprenais toujours pas.

La sagesse que j'avais reçue dans le giron du dalaï-lama m'avait rendue beaucoup plus consciente de ce qui se passait dans mon esprit et beaucoup moins encline à ses hauts et ses bas invisibles. Néanmoins, il ne faisait pas de doute qu'aux sentiments chaleureux et bienfaisants pouvait subtilement succéder une humeur plus sombre. Et c'est ainsi qu'un beau matin, sans aucune intervention de ma part, la vérité s'est révélée dans son infaillibilité la plus parfaite.

Tout cela a commencé quand Tenzin est venu me voir là où j'étais, c'est-à-dire étendue de tout mon long sur le classeur.

— Peut-être serais-tu intéressée de savoir, CDSS, que la personne que tu aimes le plus au monde arrive ce matin.

Le dalaï-lama ? Selon mes calculs, neuf dodos nous séparaient encore, sans compter les siestes.

— Dans deux semaines, Sa Sainteté sera de retour parmi nous, a continué Tenzin. Au moment où il reviendra, il aura un agenda *très* chargé. Un bon nombre d'invités à recevoir. C'est pourquoi notre chef VIP vient évaluer l'état de la situation. Elle veut que tout soit en règle avant son arrivée.

Mme Trinci venait aujourd'hui ! La reine de la cuisine de Jokhang et ma généreuse bienfaitrice !

Tandis que Tenzin caressait ma joue, je saisis son index entre mes dents, le retenant pendant quelques secondes, le temps d'en lécher les traces de carbolique.

Tenzin ricana.

— Oh, petite lionne des neiges, tu es trop drôle. Mais Mme Trinci ne fait aucune cuisine aujourd'hui, alors ne t'attends à aucun festin de sa part.

J'acceptai sa mise en garde de mon regard lapis le plus impérieux. Pour un diplomate chevronné, Tenzin pouvait être remarquablement obtus. Pensait-il sérieusement que Mme Trinci pourrait me résister, surtout après une si longue absence ? Ça ne prendrait qu'un simple regard de tendresse bleutée. Peut-être me faudrait-il insister un peu en enroulant ma queue autour de sa jambe. Tout au plus un miaulement plaintif, et le chef VIP de Jokhang réchaufferait un festin pour ma plus grande délectation en moins de temps qu'il n'en faut pour dire « foie de poulet en dés ».

Avec un peu de peps dans ma démarche, bien connue pour être erratique, j'allais bientôt me retrouver en bas des escaliers.

Je suis arrivée dans la cuisine pour y trouver Mme Trinci dans son tablier habituel, un presse-papiers et un stylo dans les mains, en train d'énumérer une liste d'articles tandis que Lobsang et Serena répondaient respectivement depuis la chambre froide et le garde-manger.

— Cinq litres de yogourt grec nature ?

— Oui, répondit Lobsang.

— Quand expirent-ils ?

— À la fin du mois prochain.

— Tous ?

Il y eut une pause.

— Oui.

— Pruneaux dénoyautés ? Il devrait y en avoir quatre grands contenants.

— Seulement trois, a répondu Serena.

— *Oh, porca miseria !* Quelle misère ! Maintenant je me rappelle. Un des contenants s'est rouillé. Nous avons dû le jeter.

Apercevant un mouvement du coin de l'œil, elle se tourna pour me voir vaciller vers elle.

— *Dolce Mio !*

En un instant, son ton avait changé en une telle effusion d'amour que j'ai même trouvé difficile de croire que j'en étais la cause.

— Comment va ma petite *bella*, ma petite beauté ?

Elle m'a soulevée, m'a couverte de baisers et m'a placée sur le comptoir.

— Tu m'as tellement manqué ! T'ai-je manqué aussi ?

Tandis qu'elle passait ses doigts couverts de bijoux dans ma fourrure épaisse, je ronronnai de façon élogieuse. C'était un merveilleux prélude à ce qui s'annonçait être une expérience délicieusement enrichissante.

— En avons-nous terminé ici ? demanda Lobsang depuis la chambre froide.

— Pour le moment, répondit Mme Trinci distraitement. Pause café !

Fouillant dans son sac d'emballage, elle sortit un bol de plastique fermé et en enleva le couvercle.

— J'ai gardé pour toi un peu du goulache d'hier, me dit-elle. Je l'ai réchauffé avant de venir. J'espère qu'il répond aux normes de ton palais délicat.

Le goulache hongrois de Mme Trinci était délicieusement succulent et sa sauce au jus était sublime à en faire frémir les moustaches.

— Oh, *tesorino*, mon petit trésor ! s'est-elle exclamée en m'examinant de plus près avec ses yeux ambrés, rehaussés de mascara, tandis que je me penchais pour dévorer son goulache dans une bruyante délectation. Tu es vraiment, a-t-elle prononcé dans un souffle, la-plus-belle-créature-qui-ait-jamais-existé.

Un peu plus tard, Mme Trinci, Serena et Lobsang s'assoyaient sur des tabourets au comptoir de la cuisine, sirotant des tasses de thé et mâchant des tranches de noix de coco que Mme Trinci leur avait apportées.

— Merci, Mme Trinci, dit Lobsang en tenant le morceau qu'il mangeait et en affichant un large sourire. C'est très gentil que vous vous rappeliez, a-t-il précisé.

La noix de coco de Mme Trinci était un de ses plats préférés depuis l'enfance.

Ils eurent tous un petit rire.

— Tout comme dans le bon vieux temps, dit Serena.

— Ah, oui, soupira Mme Trinci. Quand était-ce la dernière fois où nous avons travaillé ensemble ici tous les trois ? Il y a douze ans ?

— Quatorze, je pense, a répondu Lobsang après une pause.

— Qui aurait cru que mes deux aides-cuisiniers allaient si bien réussir dans la vie ? Le traducteur du dalaï-lama et une chef cuisinière hors pair en Europe. Tout change.

— Impermanence, a convenu Lobsang.

— Eh bien, ce n'est pas *tout* qui a changé, dit Serena. Nous sommes tous un peu plus vieux, nous avons vu une partie du monde, mais nous sommes encore les mêmes. En particulier, la façon dont nous nous sentons au sujet des choses importantes.

Elle regarda fixement Lobsang.

— Ça, ça n'a pas changé.

Pendant quelques instants, Lobsang fixa contemplativement l'espace qui les séparait, avant de répondre :

— C'est vrai. Je crois toujours que la noix de coco de ta mère est la meilleure confiserie qui soit, par exemple.

Tandis qu'ils riaient, il rencontra les yeux de Serena, un éclat illuminant les siens.

— Par exemple, a-t-elle répété.

— Je suppose que c'est pourquoi il est si difficile, a-t-il poursuivi soudainement sérieux, de changer de direction une fois que vous avez emprunté une trajectoire en particulier.

L'aura de tranquillité qui émanait habituellement de Lobsang avait laissé place à l'incertitude.

Mme Trinci jeta un regard significatif à Serena. Les deux avaient visiblement discuté de ce à quoi faisait référence Lobsang. Incapable de discerner le changement qui s'était opéré en lui, Mme Trinci se leva de son siège, marcha jusqu'à lui, et, dans un cliquetis de bracelets, posa ses bras autour de Lobsang.

— Naturellement, ce sont des temps difficiles pour toi, mon cher Lobsang. Mais sache que peu importe ce que tu décides, tu as tout mon soutien !

Un peu plus tard, on frappa poliment à la porte de la cuisine ; c'était le lama Tsering qui faisait son entrée à l'intérieur. Grand, mince, avec le plus ascétique des visages, le lama Tsering était le préfet de discipline du monastère —

la personne chargée de surveiller le comportement des moines au service du temple, ainsi que d'autres pratiques auxquelles ils souscrivaient. Dès qu'il fit son apparition, Lobsang se leva de son tabouret, déposa sa tasse et porta les paumes à son cœur.

— Bonjour à vous, dit Lama Tsering en se courbant profondément.

— Bonjour, Lama, répliqua Mme Trinci.

Elle semblait troublée par sa présence.

— Tenzin m'a dit que vous étiez ici aujourd'hui, a-t-il expliqué en croisant son regard qui exprimait la ferveur. Je suis venu vous demander très sincèrement votre avis.

— *Mon* avis ? glapit Mme Trinci en souriant nerveusement.

— Sur la nutrition, a-t-il continué.

— *Mamma Mia !* Je pensais avoir fait quelque chose de mal !

Lama Tsering hocha la tête et, avec un soupçon d'humour dans la voix, dit :

— Pourquoi pensiez-vous cela ?

Mme Trinci secoua la tête vigoureusement avant de lui passer le plateau de tranches de noix de coco.

— Prenez un morceau, a-t-elle offert. Une tasse de thé ?

Lama Tsering examina le plateau avec intérêt.

— Ça m'a l'air très bon, fit-il observer. Mais d'abord, je dois savoir quelque chose.

Après avoir sorti un petit carnet de la poche de sa tunique, il l'ouvrit à une page où il avait pris des notes.

— Est-ce…, demanda-t-il en consultant ses notes, un faible indice glycémique ?

— Assez bas, assura-t-elle.

— Maman ! la réprimanda Serena tandis que Lama Tsering se servait une tranche.

— Tout est relatif, fit Mme Trinci en haussant les épaules.

Lama Tsering prit une bonne bouchée, avant de faire observer :

— Peut-être modérément bas, alors ?

— À extrêmement élevé, suggéra Serena avant que tout le monde, même Lama Tsering, n'éclate de rire.

— Pourquoi vous intéressez-vous à votre indice glycémique ? demanda Mme Trinci au Lama après un moment.

— En tant que préfet de discipline du monastère, c'est mon devoir de m'assurer que tous les moines ont des pratiques saines et une bonne maîtrise d'eux-mêmes, et surtout, qu'ils sont heureux, a-t-il répondu en tapotant son cœur. Mais je n'ai découvert que tout récemment à quel point la nutrition y contribue de façon importante.

— Une alimentation équilibrée, proposa Serena.

— Le glucose, en particulier, dit Lama Tsering avec une autorité qui montrait qu'il avait fait ses devoirs, tout comme il apparaissait évident qu'il ne s'était jamais penché sur le sujet auparavant.

» Nos moines ont besoin de deux choses pour apprécier leur plein épanouissement et la réussite : l'intelligence et la maîtrise de soi. De ces deux-là, il n'y a aucune méthode connue pour augmenter l'intelligence. Mais pour ce qui est de la maîtrise de soi, ou la volonté, c'est tout à fait différent. Même en Occident, les scientifiques ont découvert l'importance de l'intelligence émotionnelle.

Lobsang hocha la tête. Il connaissait très bien les travaux de Daniel Goleman. En plus d'avoir passé beaucoup d'heures avec Sa Sainteté, ses livres sur l'intelligence émotionnelle et sociale étaient connus du monde entier.

— L'expérience avec de la guimauve à l'université Stanford, dit Lobsang.

— Un facteur prédictif fortement efficace, confirma Lama Tsering.

Puis, se tournant vers les expressions d'incompréhension sur les visages de Mme Trinci et de Serena, il continua.

— Pendant les années 1960, des enfants en bas âge étaient introduits dans une pièce, un par un, et les chercheurs ont conclu un marché avec eux. Chaque enfant a reçu une guimauve. On dit à tous les enfants qu'ils pouvaient la manger immédiatement s'ils voulaient, mais que s'ils attendaient que les chercheurs reviennent après une courte pause à l'extérieur de la pièce, ils pourraient avoir une guimauve supplémentaire. Les chercheurs ont quitté la pièce pendant quinze minutes. Quelques enfants ont mangé la confiserie immédiatement. Les autres ont pu se retenir et ont finalement terminé avec deux guimauves.

» Les enfants qui avaient une plus grande maîtrise de soi quand ils étaient jeunes ont plus tard obtenu de meilleurs diplômes, ont éprouvé moins de problèmes avec la boisson ou les drogues, et ont gagné plus d'argent. Les scientifiques ont prouvé que la maîtrise de soi est un meilleur gage de réussite que l'intelligence même.

— Oh, murmura Mme Trinci. J'aurais mangé la guimauve immédiatement !

Lama Tsering ignora cette intervention.

— La même chose a été observée sur plusieurs années avec nos moines. Ce n'est pas toujours le plus intelligent qui atteint un degré de réalisation. C'est celui qui est prêt à s'appliquer.

— Et qu'est-ce que le glucose vient faire dans tout ça ? demanda Serena.

— J'ai récemment appris qu'un des facteurs principaux qui affectent la volonté est la quantité de glucose que nous avons dans notre organisme, dit Lama Tsering. Une carence en glucose conduit à moins d'autorégulation, à moins de maîtrise sur ses propres pensées, ses émotions, ses impulsions et son comportement. Quand ça fait longtemps que les gens n'ont pas mangé, la plupart se sentent stressés et ne peuvent penser clairement.

— Oui, j'ai entendu quelque chose à ce sujet, dit Lobsang en se rappelant une anecdote. Une étude qui portait sur la libération conditionnelle des prisonniers.

Mme Trinci et Serena le regardèrent avec intérêt.

— À la fin, leur dit Lobsang, ça n'avait plus rien à voir avec la nature des crimes commis, leur comportement en prison, leur ethnie ou n'importe quelle autre variable à laquelle vous pourriez penser. Il s'agissait plutôt de l'heure à laquelle les prisonniers passaient devant la commission des libérations conditionnelles, ainsi que la faim et la fatigue que pouvaient ressentir les membres de la commission. Plus ils étaient entendus tôt après le petit déjeuner ou le déjeuner, plus les prisonniers étaient susceptibles de se voir accorder une libération conditionnelle. Mais à mesure que la matinée ou l'après-midi avançait, les membres de la commission devenaient de plus en plus affamés et fatigués, et étaient plus susceptibles de refuser une demande de libération conditionnelle.

— C'est un très bon exemple, dit Lama Tsering en en prenant bonne note. Et je pense que nous en avons tous fait l'expérience. Quand nous sommes fatigués et affamés, tout devient un grand effort.

— Et c'est exactement pourquoi nous apprécions notre noix de coco, a fait valoir Mme Trinci. Et que je vois toujours à ce que la petite lionne des neiges de Sa Sainteté ne souffre jamais de…

Elle jonglait, cherchant le bon terme.

— Décision prise sous le coup de la fatigue ? suggéra Lobsang.

Tant que mon ventre était plein de goulache, il pouvait faire autant de blagues qu'il voulait à mon sujet, ai-je pensé, léchant les dernières traces de sauce sur les parois du bol.

— Donc, Mme Trinci, dit Lama Tsering en remuant son petit carnet dans sa main droite. J'ai avec moi ici le menu officiel des cuisines du monastère. Je me demandais si vous pouviez nous conseiller sur la façon de l'améliorer.

— Pour faire en sorte que vos repas aient un indice glycémique plus faible ? a-t-elle demandé.

— Exactement.

— Vous devez opter pour les calories qui se consument lentement, dit-elle en pointant son carnet de notes. Noix, légumes, fruits frais, fromage, huiles et autres bons gras. Des aliments qui mènent à une glycémie plus équilibrée.

En passant la liste en revue, elle commença à secouer la tête.

— Riz blanc ? Pain blanc ? Chaque jour ? Oh, non, c'est trop !

Lama Tsering la regarda scruter la liste avec un air d'approbation.

— Il sera intéressant, dit-il, d'observer ce que quelques petits changements dans la cuisine pourront apporter.

Il n'en fallait pas plus pour que des éléments du menu fassent également l'objet d'une discussion à l'Himalaya Book Café. Sans oublier qu'une opportunité des plus intrigantes s'était présentée depuis le premier banquet indien organisé par Serena.

Tandis que la date du deuxième banquet approchait à grands pas, le café recevait un flot constant de réservations ; des gens qui résidaient aux alentours, certains ayant participé au premier banquet et d'autres s'étant laissés convaincre par un bouche-à-oreille élogieux, de même que certains touristes dont le directeur d'hôtel leur avait garanti une soirée mémorable. Sans avoir eu besoin de plus qu'une affiche sur la fenêtre, une semaine avant que le deuxième banquet indien n'ait lieu, le café affichait complet.

Qui plus est, certains de ceux qui étaient venus au premier banquet avaient demandé à Serena, à titre de faveur spéciale, la recette de leur plat préféré. Pour certains, il s'agissait des *pakoras* aux légumes ; pour d'autres, le cari de poisson de Malabar. Toujours aussi généreuse, Serena avait gracieusement révélé les recettes qu'elle et les frères Dragpa avaient passé tant de temps à raffiner, ajuster et perfectionner.

Mais en vain.

Helen Cartwright, l'amie d'enfance de Serena, avait été la première à se plaindre. Une matinée, elle et Serena prenaient un cappuccino environ une semaine après que Serena lui eut donné la recette de son poulet à la mangue. Depuis mon porte-magazines, je surpris Helen en train de lui dire qu'elle avait commencé à préparer un dîner spécial pour toute la famille, quand elle se rendit compte que le résultat du poulet à la mangue n'était qu'une pâle copie du triomphe gastronomique de Serena.

Avait-elle suivi chaque étape des instructions qu'elle avait reçues ? Perplexe, Serena voulait tout savoir. Le poulet avait-il été mariné ? Et si oui, pendant combien de temps ? Ce n'est qu'après une assez longue discussion que Serena identifia la vraie raison de la déception d'Helen.

Une conversation similaire suivit quelques jours plus tard. Merrilee, du cours de yoga, avait essayé la recette de *rogan josh* de Serena, avec des résultats tout aussi décevants. Cette fois-ci, Serena était allée directement au cœur du problème. Merrilee s'était-elle servie de toutes les épices sur la liste ? Euh…, oui, la plupart d'entre elles, lui avait-elle répondu. Dans certains cas où elle n'avait pas la bonne épice — il y en avait tellement après tout —, Merrilee avait essayé un substitut. Quelle était la fraîcheur des épices ? avait demandé Serena. Merrilee avait été forcée d'admettre qu'au moins un des assaisonnements avait reposé au fond de son carrousel à épices pendant presque dix ans. Peut-être plus.

Après que Serena eut identifié la raison évidente de son fiasco culinaire, Merrilee sembla embarrassée pour un moment, avant de laisser entendre — plus ou moins à la blague — que si Serena lui fournissait non seulement la recette mais aussi le bon mélange d'épices fraîches, alors elle serait assurée de connaître du succès dans sa cuisine.

Une personne moins compatissante que Serena aurait rejeté cette demande sans hésiter. Mais en réfléchissant à la déception de ses amies et à l'improbabilité qu'elles aient un jour accès à la qualité et à la variété d'épices fraîches qu'elle gardait dans l'entrepôt, Serena se sentit redevable. À sa demande, les frères Dragpa confectionnèrent des sachets d'épices mélangées pour les recettes de poulet à la mangue et de *rogan josh*. Serena en donna un de chaque à Helen et à Merrilee.

Elle n'eut pas à attendre longtemps pour leurs commentaires. Dans les jours qui ont suivi, elles étaient revenues au café, enthousiastes quant à la succulence de leurs repas et à l'appréciation de la famille et des amis. Toutes deux admettaient également ne pas mériter de tels éloges. Helen le résuma bien :

— Je n'ai rien eu à faire. N'importe qui peut saupoudrer ce mélange sur un morceau de poulet, puis le faire griller une demi-heure plus tard. Ce sont les épices qui font foi de tout.

Puis, Merrilee proposa un débouché commercial :

— Pourquoi ne mettez-vous pas ces mélanges d'épices en vente ? a-t-elle proposé. Je serais votre première cliente.

Serena accepta sa suggestion : combiner le sachet d'épices avec du riz et des noix, de sorte que les seules choses qu'il reste à acheter soient les légumes frais ou la viande. À l'aide de son ordinateur, Sam conçut et imprima la recette sur du papier ambré, juste sous le logo de l'Himalaya Book Café.

Des paquets d'épices s'envolèrent bientôt du café pour être distribués au cercle d'amis de Serena, aussi bien qu'aux habitués du café et aux étudiants du studio de yoga. Une fois la nouvelle répandue, la petite boîte de présentation sur le comptoir fut rapidement remplacée par une boîte plus grande. Et lorsque Sam envoya un avis au sujet des paquets d'épices à tous ceux qui avaient assisté au premier banquet indien, les commandes furent dix fois supérieures aux quantités préparées jusque-là. Des demandes venaient même d'aussi loin que Séoul, Cracovie, Miami et Prague ; des voyageurs qui avaient mangé au café en visitant Dharamsala. Les gens étaient tout à fait disposés à payer pour avoir la possibilité de concocter un repas étonnant avec un minimum de tracas ou de préparation.

Après la première vague d'enthousiasme, l'intérêt pour les paquets d'épices ne montra aucun signe d'essoufflement. Les délicieux résultats qu'ils fournissaient étaient la meilleure garantie de telle sorte que, dès qu'ils faisaient l'essai d'un paquet, les gens en recommandaient d'autres. Peut-être même plusieurs… de toutes les saveurs. Loin d'être un feu de paille ou une mode, les paquets d'épices gagnèrent en popularité, alors que chaque semaine amenait son lot de nouveaux clients au café, ainsi que de nouvelles commandes en ligne.

C'est lors de la pause du chocolat chaud de fin de journée que Sam fit une extraordinaire révélation.

— Comment vont les choses avec Bhadrak ? demanda-t-il à Serena.

L'adolescent, un neveu des chefs, avait été embauché à temps partiel dans le seul but de confectionner des sachets d'épices sous les yeux attentifs de ses oncles, car la tâche était devenue trop grande pour eux.

— Tout semble bien aller, dit Serena. Il est lent, très lent, mais méticuleux. Je préfère avoir lui plutôt qu'un autre.

— Contrôle de la qualité, a convenu Sam.

— Ses oncles lui ont inculqué la crainte de Dieu relativement à cette tâche, dit Serena.

— Quel dieu en particulier ? demanda Sam.

— Tous ! a-t-elle dit en pouffant de rire.

En dépit d'avoir été élevée en Inde, Serena trouvait toujours que la variété des divinités était ahurissante.

— J'étais justement en train de m'amuser avec une feuille de calcul…, fit Sam en pointant quelques feuilles sur la table située entre eux.

— Une *vraie* répartie à la Sam !

— Sérieusement, je pense que tu trouveras ça intéressant, a-t-il protesté. La semaine dernière, j'ai découvert une nouvelle tendance dans les paquets d'épices. En rétrospective, je suppose que c'était prévisible, mais je ne l'ai pas vu venir.

Serena fronça les sourcils.

— Des clients nous sont envoyés. Et je ne parle pas simplement de gens des environs. Nous avons reçu des commandes provenant des amis de personnes qui nous ont visités. Dans un cas en particulier, une épicerie fine de Portland, en Oregon, a commandé vingt paquets de chaque sorte.

— Bhadrak sera bien occupé, a répliqué Serena.

Sam se rendit compte que Serena ne voyait toujours pas ce qui était si évident pour lui.

— Je pense que ça pourrait même aller au-delà. Tout cet intérêt après seulement un banquet indien et sans aucune promotion en ligne. Les paquets d'épices n'apparaissent même pas parmi les articles énumérés sur notre site Web.

— Probablement rien de plus qu'une mode passagère, dit Serena en haussant les épaules. En quelques mois, la nouveauté se sera estompée…

— Ou ça pourrait aller dans l'autre sens.

Le nouveau Sam, plus audacieux, n'avait aucun mal à formuler un contre-argument.

— Le deuxième banquet pourrait poursuivre sur l'élan du premier. On pourrait inclure un paquet d'épices pour chaque repas, le premier étant gratuit. Encore plus de gens essaieront et achèteront.

En prenant les feuilles sur la table, il choisit une page de projections et la remit à Serena.

— Regarde ce qui arrivera si les ventes suivent la même trajectoire qu'après le premier banquet.

— C'est quoi, là, sur la gauche ? demanda Serena en pointant un des graphiques.

— Les ventes en dollars US.

Serena semblait étonnée.

— Et le rouge ?

Elle montrait maintenant une ligne qui montait brusquement vers le haut.

— C'est basé sur une projection prudente de ce qui arrivera si nous faisons la promotion des paquets d'épices à chaque personne sur notre base de données.

— Stupéfiant !

Serena écarquillait maintenant les yeux.

— Je n'ai même pas factorisé quoi que ce soit d'autre qui pourrait entrer en ligne de compte. Comme la publicité, par exemple. De la promotion en ligne. Peut-être des commandes répétées de cette épicerie fine à Portland, ou d'autres comme celle-là.

— Ces chiffres..., fit Serena en se redressant dans son fauteuil tout en secouant la tête de stupéfaction.

— *Maintenant*, tu peux voir pourquoi j'ai dit que c'était amusant ? plaisanta Sam.

Elle hocha la tête en souriant.

— Et même plus qu'amusant, a corrigé Sam. Ce qui est intéressant, c'est que cela nous permet de fidéliser notre clientèle. Les touristes visiteront le café deux ou trois fois tout au plus. Ils peuvent aussi acheter quelques livres ou cadeaux, puis c'est tout. Mais ce que tu as créé leur donne littéralement l'occasion de goûter à leurs vacances, encore et encore.

— Ce qui maintient la relation, ajouta Serena.

— Exactement !

Les yeux de Sam brillaient.

— Et plus que ça, regarde les chiffres, a-t-il poursuivi.

— Je peux voir. Avec un volume de cette taille, nous aurons besoin de beaucoup plus qu'un Bhadrak à temps partiel et quelques visites au marché. Je devrai trouver une source pour garantir notre approvisionnement en épices.

— Des problèmes qu'il vaut la peine de résoudre, dit Sam en la pressant de passer à la page finale, laquelle affichait les revenus pour le café et la librairie, puis les revenus projetés pour les paquets d'épices. Regarde simplement le rendement.

— Wow ! fit-elle en fixant les chiffres.

— C'est une tout autre entreprise, Serena, dit-il après une pause.

Pendant un long moment, ils étudièrent tous les deux les chiffres. Le visage de Serena rayonnait devant tant de possibilités. Puis son expression est devenue sérieuse.

— As-tu entendu Franc au sujet des comptes ? demanda-t-elle.

La question recelait plus d'importance qu'il n'y paraissait. En raison de tout ce que vivait Franc entourant le décès de son père, Serena et Sam avaient décidé de ne pas faire grand cas du premier banquet indien. Mais ils en avaient fait une entrée distincte dans les comptes qu'ils envoyaient à Franc chaque mois, avec une brève explication de chaque entrée. La ligne qu'ils avaient spécialement ajoutée pour le banquet montrait un profit record pour un soir où le café était habituellement fermé. Et ils lui avaient demandé : « Ça te plaît ? »

Voyant l'expression de Serena, Sam fit non de la tête.

— Jusqu'à ce que nous entendions…

Sam ramassa les feuilles et les regroupa en pile sur la table basse.

— Je devine, a-t-il dit.

Pendant un moment, les deux sont demeurés assis à caresser leurs compagnons *sem chens*, les deux chiens enfouissant de plaisir leurs têtes dans les coussins, alors que je signalais ma satisfaction à l'aide d'un ronronnement autrement plus distingué.

— En parlant de nourriture, dit Serena après un certain temps, aujourd'hui j'ai entendu des choses intéressantes au sujet de la nutrition et de la maîtrise de soi.

Elle lui décrivit la visite du préfet de discipline du monastère de Namgyal.

— Je me demande si c'est la même chose pour ces petites créatures, dit-elle en regardant les chiens et moi. Je présume que la nutrition peut avoir un effet sur la façon dont ils se sentent à n'importe quel moment de la journée.

Sam jeta un coup d'œil furtif, cherchant dans sa mémoire encyclopédique.

— Je me souviens avoir lu quelque part que le régime idéal pour un chat adulte est d'environ quatorze portions de la taille d'une souris par jour.

— Quatorze ?! s'est écriée Serena.

— Une fois qu'on se débarrasse de la fourrure et des os, la souris moyenne n'est pas très calorique, dit-il en haussant les épaules.

— J'imagine que non, concéda Serena.

— Il y a probablement des parallèles à faire avec la nutrition humaine. Tous les animaux ont besoin d'un bon équilibre en eau, en protéines et en vitamines.

— C'est fascinant de constater à quel point notre humeur est affectée par la nourriture que nous mangeons, réfléchit Serena.

— Le bonheur est une question de chimie, fit remarquer Sam.

— Peut-être pas exclusivement. Mais la chimie a certainement un rôle à jouer, dit Serena dubitative.

— Un facteur.

— Un facteur *important*, a-t-elle modifié.

— Oh, petite Rinpoché, dit-elle en se penchant sur moi et en embrassant ma tête à profusion. J'espère que tu es chimiquement satisfaite, ma petite lionne des neiges !

Oui, ai-je pensé. Après une portion de la taille d'une souris de lait sans lactose, je l'étais certainement. Et de pair avec les repas savoureux que j'avais mangés aujourd'hui — le goulache délicieux de Mme Trinci étant sans aucun doute le point culminant —, j'en étais venue à une révélation étonnante au sujet du bonheur, une qui, autrement, aurait pu demeurer un mystère profond.

J'avais découvert la raison pour laquelle, lors d'un matin absolument sublime, je pouvais soudainement me sentir irritable et lasse. La raison, cher lecteur, était la nourriture. Pour les êtres humains, un régime faible en glucose semble être la meilleure façon d'éloigner les sentiments d'ennui et de mécontentement — ainsi que la possibilité de refuser la libération conditionnelle à un prisonnier. Quant à nous, félins, quoi de mieux pour nous assurer que le monde continue à tourner qu'un casse-croûte savoureux de la taille d'une souris ?

Deux jours plus tard, Sam convoquait Serena à l'extérieur de la section réservée au café. Tandis qu'elle s'approchait, elle pouvait le voir, la mine abattue, devant son ordinateur.

— Je viens tout juste d'avoir l'opinion de Franc au sujet des comptes, dit-il.

Elle n'eut pas besoin de regarder l'écran pour deviner ce qu'il en pensait, mais quand elle le fit, elle vit la réponse de Franc à leur question *Ça te plaît ?* En bas de la page, en grosses majuscules, il avait écrit : « JE N'AIME PAS ! » Il avait même souligné les mots pour accentuer davantage son mécontentement.

— Je ne comprends pas, fit Sam en secouant la tête.

— Je ne suis pas complètement surprise, dit Serena en s'éloignant de l'ordinateur. La vision de Franc pour le café a toujours été une oasis occidentale, une enclave soustraite au monde extérieur.

— Même lorsque nos clients font valoir tout leur enthousiasme à l'aide de leurs portefeuilles ?

Serena haussa les épaules, mais il y avait une déception palpable sur son visage. Toute pensée quant à de futurs banquets indiens, des paquets d'épices ou des promotions en ligne avait disparu pour un instant. Et avec ça s'ajoutait un mauvais pressentiment de ce qui s'annonçait pour nous à l'Himalaya Book Café : nous nous dirigions vers des eaux inexplorées.

Chapitre 9

Il n'y a guère de choses plus désagréables que de découvrir un homme au visage simiesque assis à la place d'un ami bien-aimé.

Enfin, peut-être y a-t-il une ou deux choses plus désagréables, comme le fait d'être chassée jusqu'en haut d'un mur par une paire de retrievers écumant de rage ou découvrir que vous étiez un chien dans une vie précédente. Néanmoins, vous pouvez comprendre ma consternation le matin où je me suis faufilée dans le bureau des adjoints exécutifs, à peu près une semaine avant le retour prévu du dalaï-lama, et qu'au lieu de trouver la chaise à l'opposé de Tenzin vide, elle était occupée par un petit moine grincheux. J'étais si choquée quand j'ai vu son visage desséché que je suis presque tombée à la renverse. Il avait une petite bouche, les dents avancées et aucun menton. Son expression semblait figée en une grimace.

Je me suis demandé si tout ceci se passait vraiment, ou si j'avais un de ces rêves fous et troublants d'avant l'aurore. Mais non, tout le reste était simplement comme il devait l'être. Tenzin écrivait calmement une lettre au président de la France. De l'autre côté de la cour nous parvenait le bruit du chant des moines. Le parfum du café torréfié, mêlé à l'encens Nag Champa, flottait le long du corridor. Ce n'était qu'un jour de plus au bureau — à l'exception de cette apparition étrange.

Tenzin m'accueillit de sa façon habituelle.

— Bonjour, CDSS.

Je fis quelques pas en sa direction, puis je jetai un coup d'œil par-dessus mon épaule.

— Le chat du dalaï-lama, a-t-il expliqué à l'autre homme. Elle aime s'asseoir sur notre classeur.

Le moine grogna en guise de reconnaissance, ne regardant que très furtivement en ma direction, avant de continuer à travailler sur l'ordinateur de Chogyal.

Je suis, cher lecteur, habituée à ce qu'on réagisse de différentes façons à mon apparence, qu'il s'agisse d'être poursuivie par des chiens sortis des Enfers ou d'être adulée par les moines de Namgyal. Mais ce à quoi je ne suis pas habituée, c'est qu'on m'ignore. Tapie pendant un moment, je me propulsai dans les airs, atterrissant avec un son mat sur le bureau de Chogyal. *Eh bien*, ai-je pensé, *cette vénérable face de singe ne pourra plus m'ignorer.*

Mais il l'a fait ! Il y eut d'abord un moment d'incrédulité, tandis qu'il regardait fixement ma somptueuse et duveteuse silhouette — et pour la plupart irrésistible —, laquelle était perchée sur un texte ancien. Puis il se tourna abruptement vers son écran d'ordinateur, comme si en faisant semblant que rien n'était arrivé, il pourrait me faire partir.

Je recevais beaucoup plus d'attention de la part de Tenzin, qui suivait mes mouvements de son impassibilité diplomatique habituelle. Mais je le connaissais suffisamment bien pour constater que beaucoup de choses se passaient derrière ce visage impassible. Si je voyais juste, il semblait plutôt s'amuser de mon apparition imprévue.

Après de longues minutes pendant lesquelles le moine continuait de m'ignorer, ses yeux étant rivés à l'écran comme si sa vie même en dépendait, je compris qu'il n'y avait rien à gagner à demeurer assise sur son bureau. Je déambulai plutôt jusqu'au bureau de Tenzin, prenant soin de laisser une marque de patte sur la papeterie élégamment gravée du palais de l'Élysée qui traînait là, avant de balayer son poignet de ma queue touffue. C'était ma façon de dire :

— Viens, viens, cher Tenzin, tu sais qu'il y a quelque chose ici qui n'est pas comme ça devrait l'être.

Puis je sautai sur le classeur derrière lui et, après un bref nettoyage derrière les oreilles, je me suis allongée pour ma sieste du matin.

Mais je n'arrivais pas à trouver le sommeil. Tandis que j'étais couchée à la manière d'un sphinx, les pattes soigneusement repliées sous moi, et que je regardais fixement à travers la pièce, mes pensées sont retournées à Face de Singe. On aurait dit qu'il travaillait à quelque chose sous la surveillance de Tenzin. Mais pour combien de temps ? Serait-il parti avant la fin de la matinée ? De la journée ?

C'est à ce moment-là qu'une nouvelle pensée s'est mise à me préoccuper : et si on lui avait demandé de prendre la place de Chogyal ? Cela pourrait-il être une affectation à temps plein ? L'idée même me faisait horreur ! Il était assis là, tel un petit nuage menaçant d'intensité — rien à voir avec le chaleureux, grassouillet et bienveillant Chogyal. Si cette vénérable face de singe devait s'incruster parmi le mobilier, le bureau des adjoints exécutifs ne serait plus un endroit où j'aimerais passer du temps. De sanctuaire accueillant, près de la suite que je partageais avec Sa Sainteté, il deviendrait un endroit menaçant à éviter religieusement. Quel renversement de situation dramatique ! Où passerais-je mon temps quand le dalaï-lama serait en voyage ? Comment est-ce que ça pouvait m'arriver à moi, CDSS ?

Le moine était toujours là quand je suis partie pour déjeuner à l'Himalaya Book Café mais, heureusement, il avait quitté le bureau quand je suis revenue. Je me reposais devant la porte, regardant Tenzin remplir de la paperasse, quand Lobsang est arrivé. Après s'être penché pour me caresser à plusieurs reprises, il entra dans le bureau, les mains dans le dos, puis s'appuya contre le mur.

— Alors, comment était-ce avec le premier candidat de ta courte liste ? a-t-il demandé à Tenzin, jetant un coup d'œil vers là où le moine s'était assis.

— Très diligent. Il a l'esprit bien aiguisé.

— Hum…

— Il a accompli ses tâches, fit Tenzin en claquant des doigts, comme ça.

Je suivais la conversation de près, posant mes yeux sur l'un, puis sur l'autre.

— Les abbés de nos plus grands monastères l'ont en haute estime, dit Lobsang.

— C'est important, admit Tenzin en hochant la tête.

— Crucial.

Il y eut une pause avant que Lobsang ne fasse remarquer :

— Toutefois, je sens un *mais*.

— S'il devait s'entendre uniquement avec les abbés, ce serait une chose, a calmement répondu Tenzin. Mais celui qui assumera le poste devra bien s'entendre avec un grand éventail de personnes.

Jetant un coup d'œil en ma direction, il s'est rapidement corrigé :

— D'êtres.

Lobsang suivit son regard. Incapable de se retenir, il vint, se pencha, puis me prit dans ses bras.

— Il manque un peu d'aisance dans ses capacités interpersonnelles, n'est-ce pas ?

— Très timide, dit Tenzin. Il est très à l'aise quand vient le temps de parler des écritures ; là, il est en terrain connu. Mais les plus grands défis du poste ont toujours trait aux problèmes des gens. À la résolution de conflits.

— Offrir aux gens une porte de sortie en cas de différends.

— Exactement. Ce à quoi excellait Chogyal. Il avait une façon d'amener les gens à penser que ses idées étaient leurs idées, ainsi que de faire appel à leurs motifs supérieurs.

— Un don rare.

— Un exemple difficile à imiter, fit Tenzin en acquiesçant.

Lobsang massait mon front du bout de ses doigts, exactement comme je l'aimais.

— J'en déduis qu'il ne s'est pas montré très chaleureux envers CDSS ?

— Il ne semblait pas savoir comment réagir. C'est comme si elle était débarquée de l'espace.

Lobsang rit dans sa barbe.

— Alors, qu'a-t-il fait ?

— Il l'a simplement ignorée.

— Ignorée ? Comment a-t-il pu te faire ça à toi ? demanda Lobsang en examinant mes grands yeux bleus. N'a-t-il pas compris que la décision finale t'appartenait ?

— Exactement. Trouver qui a *vraiment* de l'influence est un autre prérequis pour accéder au poste.

— Et ces êtres-là ne sont pas toujours ceux qu'on croit, n'est-ce pas CDSS ?

Deux jours plus tard, je suis arrivée au bureau pour trouver la chaise de Chogyal occupée par un moine gigantesque avec une grosse tête, qui ressemblait à un gros bloc, et les plus longs bras que j'ai jamais vus.

— Oh, oui. Mais qu'est-ce que c'est que ça ?

Avant de pouvoir dire *Om mani padme hum*, le moine m'avait saisie par la peau du cou, soulevée et maintenue suspendue entre ciel et terre, m'étranglant lentement comme si j'étais un intrus éhonté.

— Ça, a expliqué Tenzin rapidement, c'est le chat de Sa Sainteté. CDSS. Elle aime s'asseoir sur notre classeur.

— Je vois.

Le géant se leva, me saisit de son autre main et me laissa tomber de si haut sur le classeur qu'une douleur envahit mes frêles pattes de derrière.

— Si mignonne, n'est-ce pas ? fit-il observer, m'écrasant pendant qu'il laissait courir sa main le long de mon échine.

Je miaulai plaintivement.

— Elle est très délicate, fit remarquer Tenzin, et très appréciée.

Pendant que le moine retournait à son fauteuil, je regardai autour, incrédule. Jamais auparavant je n'avais été traitée si brutalement à Jokhang. Jamais je n'avais été saisie de façon aussi désinvolte par le cou et examinée comme une curiosité zoologique quelconque. Pour la première fois, autant que je puisse m'en souvenir, j'avais réellement peur dans ce bureau. Le monstre ne connaissait pas sa propre force. Il n'avait pas voulu me faire mal. En me laissant choir sur le classeur, il a probablement pensé qu'il m'éviterait l'effort de sauter là moi-même. Mais maintenant, tout ce à quoi je pensais était de m'échapper aussi rapidement que possible du bureau sans qu'il me touche encore.

Je me suis assise là, attendant impatiemment le bon moment. Tandis que Tenzin passait en revue les recommandations d'une proposition de la Croix-Rouge, au bureau en face de lui, l'Étrangleur de chats s'activait dans tous les sens. Dans un tourbillon d'énergie, il écrivait des courriels, consultait des documents, agrafait ensemble des sommaires, fermait bruyamment les tiroirs et faisait claquer le combiné du téléphone. L'air même du bureau débordait d'activité, et à un certain moment, quand Tenzin fit une plaisanterie, le grand monstre laissa échapper un rire de son ventre : de grandes rafales d'hilarité qui se sont répercutées dans toute l'enceinte exécutive.

Au moment où il annonça qu'il allait se faire un café et qu'il en offrait également un à Tenzin, je glissai vers le bas du classeur et je réussis mon évasion. Tandis que je me précipitais vers l'Himalaya Book Café bien plus tôt qu'à l'accoutumée, je me suis surprise à penser à quel point, en comparaison, le vénérable Face de Singe était infiniment préférable à celui-là. Mes sentiments avaient été froissés quand il m'a ignorée, mais j'ai finalement compris que c'était son problème, pas le mien. Par ailleurs, le géant à la robe rouge était une véritable menace physique. S'il était choisi pour succéder à Chogyal, je passerais une grande partie de ma vie à Jokhang à tenter de l'éviter.

Et qui voudrait de ce genre de vie ?

Les nerfs en boule, je me suis frayé un chemin jusqu'aux abords rassurants du café. Avec le va-et-vient constant des clients, qu'ils aillent au café pour prendre un repas ou acheter des livres, il y avait toujours beaucoup d'agitation, mais je me sentais ici en sécurité. Je n'y avais certainement jamais été malmenée par un géant — qu'il soit revêtu d'une tunique rouge ou autre chose.

À mi-chemin en train d'escalader le porte-magazines jusqu'à ma place habituelle sur l'étagère supérieure, je me suis rendu compte que quelque chose d'inhabituel se passait dans le coin de la librairie, là où nous nous réunissions souvent pour la collation de fin de journée. Serena et Sam se tenaient côte à côte, se chuchotant quelques mots l'un à l'autre de façon urgente mais confidentielle.

— Qui d-d-dit ça ? demanda Sam.

— L'ami d'Helen Cartwright qui connaît sa sœur, Beryle, à San Francisco.

— Et quand ?

— Bientôt, très bientôt.

Les yeux de Serena étaient grands ouverts.

— Quelque chose comme dans les deux prochaines semaines.

— C'est impossible, fit Sam en secouant la tête.

— Et pourquoi ?

— Il nous en aurait parlé. Ou aurait envoyé un courriel.

— Il n'est pas obligé, dit Serena en se mordant la lèvre. Il peut revenir quand bon lui semble.

Pendant un moment, ils fixèrent tous deux le plancher. Serena rompit finalement le silence :

— Ça met l'histoire des paquets d'épices en perspective. Ce qu'en pense Franc m'importe peu si je ne travaille plus ici.

— Tu n-n-n'y penses pas.

L'autorité de Sam s'était effritée.

— C'était notre marché. Je ne suis qu'une intérimaire. Un bouche-trou. Quand nous avons conclu cette entente, je prévoyais déjà de retourner en Europe.

— Pourquoi ne pas lui téléphoner ?

— C'est son droit, Sam. Ses affaires. J'imagine que ceci devait se produire tôt ou tard, répondit Serena en secouant la tête.

— Peut-être que nous pourrions nous informer auprès de quelques personnes. Ce n'est peut-être qu'une rumeur.

Une fois leur conversation terminée, je continuai mon chemin jusqu'à l'étagère supérieure et je m'installai dans la pose du croissant. Malgré sa longue absence, Serena avait apporté une chaleur et une ambiance au café qui le rendaient encore plus spécial. Le fait qu'elle puisse nous quitter est une chose à laquelle je préférais ne pas penser, surtout avec tout ce qui se passait en haut de la colline.

Le lendemain, j'étais au café, tôt encore une fois, après m'être échappée de Jokhang au cas où l'Étrangleur de chats y serait de nouveau. Quand Serena arriva au café, je pouvais voir que les nouvelles n'étaient pas bonnes. Elle s'est approchée de Sam, qui rangeait un nouvel arrivage de livres sur les rayons, et lui a raconté ce qui s'était passé au cours de yoga la veille. Un de ses camarades de classe, Reg Goel, qui était l'un des agents immobiliers les plus connus de McLeod Ganj, surveillait la maison de Franc pendant son absence. Tandis qu'ils rangeaient leurs coussins, leurs couvertures et leurs briques de bois après le cours, Serena avait demandé à Reg s'il avait eu des nouvelles de Franc.

Oh oui, avait répondu Reg avec désinvolture. Il s'était rendu chez Franc ce matin même pour veiller à ce qu'on enlève les housses de protection des meubles, replace les plantes à leurs endroits respectifs, et approvisionne le garde-manger et le réfrigérateur. Franc l'avait appelé la semaine dernière ; son retour était prévu d'une journée à l'autre.

Serena était tellement sous le choc qu'elle avait à peine su quoi dire. Elle n'avait eu aucune envie de rester pour la séance de thé après le yoga. Sid avait assisté à leur conversation et, voyant l'expression sur son visage, il lui avait demandé si tout allait bien.

Elle s'était alors mise à pleurer. Voyant son embarras, Sid l'avait discrètement mise à l'abri des regards et l'avait accompagnée au café. Elle lui avait alors expliqué que son arrangement avec Franc n'était que temporaire et que son retour signifiait peut-être la fin de son emploi au café.

Peu après 10 heures le lendemain matin, qui ai-je vu arriver au café sinon Sid lui-même ? Je ne le reconnus pas au début, car je ne l'avais jamais vu autrement que dans ses vêtements de yoga. Tandis qu'il se tenait sur le pas de la porte, grand et élégant dans son costume foncé, il en émanait une grâce presque majestueuse.

Serena s'approcha de lui, ne cachant pas sa surprise, et charmée par son apparence.

— En fait, je suis venu te voir, expliqua Sid en l'amenant à l'arrière du restaurant, jusqu'à la banquette que Gordon Finlay avait occupée lors de son passage à McLeod Ganj.

C'était l'endroit parfait pour un entretien privé.

— Désolée d'avoir été ridicule hier soir, lui dit Serena après qu'ils se sont assis et commandé un café.

— Ne dis pas ça, lui répondit Sid sur un ton paternel. N'importe qui aurait ressenti la même chose à ta place.

Il la regarda attentivement pendant un moment, les yeux remplis de sollicitude.

— J'ai réfléchi un peu à ta situation. Si le pire devait arriver et que tu te retrouvais sans emploi, tu resterais quand même à McLeod Ganj, n'est-ce pas ?

Elle hocha la tête.

— Mais ceci pourrait ne pas être possible, Sid. J'ai besoin d'un emploi, et pas n'importe lequel. J'ai déjà pensé que le fait de travailler dans un des plus grands restaurants d'Europe était tout ce dont j'avais rêvé. Mais plus je reste ici, plus je me rends compte que je ne m'épanouissais pas vraiment là-dedans. J'ai découvert autre chose qui me comble à un niveau plus profond.

— Comme les caris et les paquets d'épices ?

— Tout ceci est maintenant assez hypothétique, n'est-ce pas ? fit-elle en haussant les épaules.

— Vraiment ? demanda Sid en s'appuyant contre la banquette.

Serena plissa le front.

— Je me souviens t'avoir entendue dire au groupe de yoga à quel point tes paquets d'épices étaient devenus populaires, dit-il. Et que tu as même dû embaucher une nouvelle personne simplement pour s'occuper des commandes.

— Il est là en ce moment même, dit-elle en pointant la tête en direction de la cuisine. Une commande pour deux cents autres paquets d'épices est rentrée durant la seule nuit d'hier à aujourd'hui.

— C'est exactement ce que je disais.

— Mais si je ne travaille plus ici..., a-t-elle songé, mais elle ne le suivait plus.

— Tu as également dit que Franc ne voulait pas continuer avec les caris et ainsi de suite.

Elle a fait oui de la tête.

— Ce que je pense, dit Sid, c'est que s'il reprend son poste de directeur et retourne à son menu habituel, il n'y aurait pas de conflit d'intérêts à poursuivre la production des paquets d'épices.

— Mais où ? demanda Serena en écarquillant les yeux.

— Il y a plus d'un lieu disponible dans les environs.

— Je ne sais pas, Sid. De la façon dont les choses se présentent, nous commençons à avoir des problèmes d'approvisionnement.

— Avec les épices ?

— Les marchés de Dharamsala sont très bien pour des quantités de taille moyenne. Mais nous avons besoin d'un approvisionnement continu en épices de qualité supérieure et en grandes quantités.

— C'est une chose que je pourrais facilement arranger, dit Sid pompeusement.

— Comment ?

— Par le biais de mon entreprise. Nous avons accès aux producteurs de toute la région.

— Je pensais que tu travaillais dans les technologies de l'information, dit-elle, perplexe.

Il hocha la tête.

— Entre autres choses. Des enjeux comme le commerce équitable dans le domaine des épices biologiques, ce qui est très important, pour moi comme pour notre communauté.

Pendant les conversations après le yoga sur le balcon de Ludo, Sid référait souvent à *notre communauté*. C'était quelque chose, commençait à comprendre Serena, qui dérivait d'une préoccupation personnelle très forte. Mais la mention de *biologique* avait tiré la sonnette d'alarme.

— Mais à quel prix ?

— Nous achèterions directement. Le coût serait probablement inférieur à ce que nous payons sur le marché.

Il a dit *nous*, nota-t-elle en sirotant son café.

Elle déposa ensuite sa tasse et posa sa main sur la table.

— Même si je devais mettre en place une entreprise distincte, la seule raison pour laquelle les paquets d'épices sont si populaires, c'est l'Himalaya Book Café.

Sid sourit, ses yeux resplendissant d'affection. Il étendit le bras et posa brièvement la main sur la sienne.

— Serena, l'Himalaya Book Café est la raison pour laquelle tu as eu cette idée. Mais un modèle économique réussi n'en dépend pas. Les deux sont complètement distincts.

Tandis que Serena le regardait, la vérité de ce qu'il disait trouvait écho en elle. Naturellement, la raison pour laquelle les gens continuaient de commander de nouveaux paquets d'épices n'avait rien à voir avec l'Himalaya Book

Café, mais plutôt avec le goût, la commodité et le prix. Mais le plus important pour elle, à ce moment-ci, c'était la raison pour laquelle il le disait. Sid avait évidemment passé beaucoup de temps à penser à elle et aux difficultés qui étaient les siennes — bien plus qu'elle ne l'aurait cru possible il y a à peine un jour.

Tandis que Serena réfléchissait à tout ceci, autre chose lui revenait à l'esprit. Comme le nombre de fois que Sid s'était assis près d'elle sur le balcon après la classe de yoga. À quel point il avait été heureux quand elle avait annoncé son intention de rester à McLeod Ganj, au lieu de retourner en Europe. À quel point il s'était montré préoccupé quand elle avait dit que Franc avait perdu son père. Tout ceci convergeait dans une même direction.

Tout comme Sam était demeuré indifférent au sujet de Bronnie jusqu'à ce qu'elle lui serre la main au-dessus du comptoir, pour la première fois, Serena *remarquait* réellement Sid. Il avait été là tout ce temps, mais ce n'est que maintenant qu'elle commençait à comprendre — et à sourire face à cette constatation.

— Qu'en est-il du marketing ? a-t-elle demandé légèrement distraite. La base de données sur les clients appartient à l'Himalaya Book Café.

— Franc semble être un homme raisonnable, répondit Sid. Même s'il ne souhaite pas poursuivre l'aventure avec les paquets d'épices, il n'y aurait aucun conflit s'il te concédait les fichiers clients, moyennant peut-être une redevance.

Elle approuva de la tête.

— Ce serait parfait comme revenu complémentaire. Mais si je devais exploiter ma propre entreprise…

— Tu aurais besoin d'un réseau de distribution beaucoup plus grand, idéalement à l'étranger. Et il y a quelqu'un qui peut t'aider probablement.

— Ah ?

— Tu l'as déjà rencontré.

Cette réplique encore...

— Ici ?

— Je ne me souviens plus de son nom, mais tu as mentionné qu'il était l'un des hommes d'affaires les plus accomplis dans l'industrie de la restauration rapide.

Gordon Finlay, a pensé Serena.

— Wow ! fit-elle à haute voix. S'il m'ouvrait la porte ne serait-ce que d'une seule chaîne de distribution...

Elle secoua la tête :

— Je ne peux pas croire que je n'y avais pas pensé plus tôt.

— Parfois, c'est plus facile de voir les choses de loin.

Ils se regardèrent, yeux dans les yeux, pendant un moment qui sembla interminable.

— C'est... incroyable ! finit par dire Serena.

Cette fois, c'est elle qui se penchait au-dessus de la table, prenant sa main dans la sienne.

— Merci pour tout, Sid.

Il hocha la tête profondément, le sourire aux lèvres.

— As-tu une carte d'affaires ou autre chose ? demanda Serena. Au cas où nous devrions en parler davantage ?

— Tu me trouveras au cours de yoga, a-t-il répondu.

— Tu es toujours aussi consciencieux, dit-elle. Mais je pourrais ne pas y être régulièrement cette semaine.

— Je ne manquerai aucun cours.

Il y a eu une drôle de pause, avant qu'elle n'insiste :

— Si je pouvais seulement avoir un numéro de téléphone ou quelque chose ?

Après un moment, et peut-être avec quelque réticence, Sid fouilla dans la poche de sa veste, en sortit un portefeuille en cuir noir et trouva une carte.

— Ton nom n'est pas dessus, fit observer Serena tandis qu'il la lui remettait. Juste une adresse et un numéro de téléphone.

— Tu n'as qu'à demander Sid.

— Ils sauront qui tu es ?

— Oui, ils me connaissent tous, fit Sid en gloussant.

Serena fut distraite pour le restant de la journée. Par moments, je levai les yeux afin de la voir, derrière le comptoir, qui regardait dans le vide — chose que je ne l'avais jamais vue faire auparavant. Une fois, elle apporta une bouteille de sauvignon blanc frais du cellier à la cuisine plutôt qu'à la table du client. Une autre fois, elle dit au revoir à un client sans même lui rendre sa monnaie. Elle avait un comportement digne du maître des lieux, mais ses pensées étaient évidemment ailleurs.

La visite de Sid avait été un choc autant qu'une joie. Comment avait-elle pu passer à côté ? Le plaisir sur son visage avait trahi ses propres sentiments lorsqu'il s'était avancé pour la toucher. Et elle avait été particulièrement troublée lorsqu'elle s'était aperçue à quel point il se préoccupait de sa situation. Mais maintenant qu'il n'était plus là, ses pensées étaient obscurcies par le doute. Les nouvelles du retour imminent de Franc, la découverte des sentiments que Sid avait pour elle, ses propositions d'affaires audacieuses mais effrayantes : ça faisait beaucoup à digérer en peu de temps. Pourquoi est-ce que tout doit toujours arriver en même temps ?

Peu après le déjeuner — un succulent festin de sole meunière que j'ai dévoré avec gratitude — je l'ai entendue répéter à Sam certaines des suggestions de Sid, quoique voilées derrière une certaine réserve.

— Je ne suis pas sûre que Franc soit prêt à me laisser utiliser la liste de diffusion, dit-elle, faisant part de ses doutes. Je ne crois pas qu'il veut que le café ait ce genre d'association.

Sam était silencieux.

— Même si Gordon Finlay m'ouvrait des portes, continua-t-elle, ça prend du temps avant de recevoir un flux continu de commandes. Comment vais-je payer les charges d'ici là ?

C'était un après-midi étrange. L'Himalaya Book Café était un endroit habituellement si convivial pour passer du temps, mais aujourd'hui, c'était comme si la musique familière du café avait été transposée dans une clé mineure. Des nuages noirs traversaient le ciel, et la brise était devenue si fraîche qu'à 15 heures Kusali avait dû refermer les portes vitrées.

Quant à moi, j'étais restée simplement parce que j'avais une peur bleue de ce que je pourrais rencontrer si je rentrais à Jokhang pendant les heures ouvrables. L'idée même de ce moine géant posant un seul doigt sur ma personne m'envoyait des frissons jusque dans mes pattes pelucheuses et grises. Bien que le retour de Sa Sainteté ne soit plus maintenant qu'une question de jours, la menace du moine géant freinait grandement mon enthousiasme.

Pour Serena, peu importait l'enthousiasme ressenti après la visite de Sid, ses inquiétudes quant au retour imminent de Franc refroidissaient grandement ses ardeurs.

Et la pause du chocolat chaud de cette soirée semblait confirmer à quel point les choses étaient devenues dangereusement instables. Après l'échange habituel de signes entre Serena et Sam, elle s'était rendue jusqu'à leur place habituelle, sur le sofa de la librairie, suivie de peu par Kusali. Sur son plateau, il y avait trois tasses de chocolat chaud — Bronnie se joignait maintenant régulièrement à eux —, de même que des biscuits pour chien et mon bol de lait.

Marcel et Kyïe Kyïe attaquèrent bientôt leurs biscuits avec appétit, comme s'ils n'avaient rien mangé d'autre de la journée. J'entamai mon bol de lait avec un peu plus de décorum. Sam prit congé de la librairie et se laissa pesamment choir en face de Serena.

— Est-ce que Bronnie descend ? demanda Serena, en montrant de la tête la troisième tasse de chocolat.

— Non, pas ce soir, dit Sam d'un air fatigué.

Puis, après une pause :

— Peut-être jamais plus.

— Oh, Sam !

Le visage de Serena s'était rempli de sollicitude.

Il prit une longue gorgée de chocolat chaud avant de lui jeter un bref coup d'œil.

— Une grosse dispute, dit-il.

— Une prise de bec entre amoureux ?

— Plus que ça, a-t-il répondu en secouant tristement la tête.

Serena est demeurée silencieuse avant qu'il ne poursuive :

— Elle dit qu'elle a toujours voulu aller à K-K-Katmandou. On lui offre la possibilité de faire de la coopération là-bas. Mais elle ne semble pas comprendre que je ne peux pas quitter la librairie pour partir avec elle.

— Pas évident, fit Serena en se tordant la bouche.

— Mon emploi ou ma petite amie. Grosse décision, conclut Sam en soupirant profondément.

Il n'y avait plus personne dans la librairie à ce moment-là, et seule une table était encore occupée au café : quatre clients réguliers qui s'attardaient sur ce qui leur restait de crème brûlée et de café. Kusali encore au service, ni Serena ni Sam ne prêtaient beaucoup d'attention à ce qui se passait à l'extérieur de leur table, ce qui explique qu'ils aient été pris au dépourvu par l'arrivée d'un visiteur semblant sortir de nulle part. En tant que professeur de Franc et conseiller autoproclamé de Sam, il était loin d'être un étranger. Mais il n'avait pas été vu au café depuis un bon moment. Le visiteur se présentait ici dans un but bien précis.

Percevant du mouvement dans les escaliers qui mènent à la librairie, Sam leva les yeux pour le voir maintenant debout à l'extrémité de leur table.

— Geshe Wangpo ! s'écria-t-il, les yeux écarquillés.

Sam et Serena s'apprêtaient tous deux à se lever du sofa.

— Restez assis ! leur ordonna Geshe Wangpo, les paumes tournées vers eux. Je n'en ai pas pour longtemps.

Il s'assit sur l'accoudoir près de Sam.

Geshe Wangpo forçait un énorme respect, et sa simple présence suffisait à subjuguer toute une pièce dans un état de douce soumission. Tandis que Serena établissait le contact visuel avec Sam, Geshe Wangpo leur dit :

— Il est nécessaire de pratiquer l'équanimité. Quand l'esprit connaît trop de hauts et de bas, il ne peut y avoir aucun bonheur, aucune paix. Ce n'est pas utile pour soi, dit-il en jetant un coup d'œil vers Serena, et pas utile pour les autres.

Serena regarda par terre, puis je sentis la force du regard de Geshe Wangpo posé sur moi — c'était comme si j'étais un livre ouvert pour lui. Il semblait savoir exactement comment je m'étais sentie en compagnie du vénérable Face de Singe, ainsi que de l'Étrangleur de chats. Comment je m'étais réfugiée au café, effrayée de retourner à Jokhang. Comment mon assurance habituellement illimitée m'avait abandonnée. Tandis que je le fixais, je sentis qu'il me connaissait aussi bien que je me connaissais moi-même.

Puis Sam a semblé se sentir vulnérable et il a hoché la tête, visiblement attristé. Il ne pouvait y avoir aucune dissimulation lorsqu'une vérité était aussi évidente.

Après un moment, Serena prit la parole.

— Le problème, c'est *comment*…

— Comment ?

— C'est si difficile de demeurer d'humeur égale, de pratiquer l'équanimité, dit Serena, quand il y a tellement… de choses qui arrivent.

— Quatre outils, a répondu Geshe Wangpo en nous regardant à tour de rôle. Premièrement : l'impermanence. N'oubliez jamais : *ceci, aussi, passera.* La seule chose dont vous pouvez être sûr, c'est que peu importe comment sont les choses maintenant, elles finiront par changer. Si vous vous sentez mal maintenant, aucun problème. Plus tard, vous vous sentirez mieux. Vous savez que c'est vrai.

Ça l'a toujours été, pas vrai ? Et ce l'est encore maintenant.

Ils approuvèrent de la tête.

— Deuxièmement : à quoi bon s'inquiéter ? Si vous pouvez faire quelque chose pour y remédier maintenant, faites-le. Sinon, pourquoi devriez-vous vous inquiéter à ce sujet ? Lâchez prise ! Chaque minute que vous passez à vous inquiéter, vous perdez soixante secondes de bonheur. Ne laissez pas vos pensées se comporter comme des voleurs en subtilisant votre satisfaction.

» Troisièmement : ne jugez pas. Quand vous avez dit : « c'est une mauvaise chose qui arrive », combien de fois avez-vous eu tort ? Perdre un emploi pourrait être exactement ce dont vous avez besoin pour commencer une carrière plus épanouissante. La fin d'une relation peut vous ouvrir à des possibilités dont vous ignoriez même l'existence. Quand cela arrive, vous pensez *c'est une mauvaise chose.* Plus tard, vous pourriez y repenser comme à la *meilleure chose qui ne me soit jamais arrivée.* Ainsi, ne jugez pas, peu importe à quel point les événements vous semblent malheureux sur le coup. Vous pourriez avoir complètement tort.

Serena, Sam et moi avons regardé Geshe Wangpo, pétrifiés. À ce moment-là, très précisément, il semblait être Bouddha lui-même qui apparaissait parmi nous pour nous dire exactement ce que nous avions besoin d'entendre.

— Quatrièmement : pas de marais, pas de lotus. La plus transcendante des fleurs pousse dans la fange des marais. La douleur est comme le marais. Si elle nous rend plus humbles, plus en mesure de sympathiser avec les autres et de nous ouvrir à eux, alors nous devenons capables de transformation et de beauté véritables, comme le lotus.

» Naturellement, dit Geshe Wangpo en se levant de l'accoudoir après avoir livré son message, je ne parle que de choses qui sont à la surface de l'océan ; les vents et les tempêtes que nous endurons tous. Mais n'oubliez jamais, a-t-il poursuivi en touchant son cœur de sa main droite, très profondément, sous la surface, tout va bien. L'esprit est toujours immaculé, infini et radieux. Plus vous demeurez dans cet endroit, plus il est facile de composer avec les choses provisoires et superficielles.

Geshe Wangpo communiquait avec bien plus que des mots. Il nous montrait également leur signification. À ce moment précis, la profondeur et la plénitude dont il avait parlé avaient une réalité tangible. Puis il est parti, aussi silencieusement et discrètement qu'il était arrivé.

Pendant un moment, Serena et Sam se calèrent dans leur sofa, stupéfaits par ce qui venait de se passer.

Sam fut le premier à parler.

— C'était… assez étonnant. Juste la manière dont il est apparu.

Serena hocha la tête avec un sourire.

— C'est comme s'il savait exactement ce qui se passe dans notre esprit, a continué Sam.

— Et pas seulement quand on est avec lui, a ajouté Serena.

Sam la regarda dans les yeux pendant un long moment, partageant sa stupéfaction.

— Ce qu'il a dit était tout à fait juste, nota-t-elle en souriant.

Elle semblait admettre qu'un nuage s'était dissipé.

— De façon irritante, oui, acquiesça Sam.

Ils pouffèrent tous les deux de rire.

Kusali ouvrit l'entrée principale, et la brise du soir envahit le café. Près de la fenêtre, les derniers clients s'apprêtaient à partir.

Je réfléchis à l'importance de ce que Geshe Wangpo avait mentionné. Un bonheur durable n'était possible que si on faisait preuve d'équanimité. Tant que notre bonheur dépendrait des circonstances, il serait aussi passager et imprédictible que les événements eux-mêmes. Comme des touffes de poils parties au vent, nos émotions seraient poussées dans toutes les directions par des forces indépendantes de notre volonté.

Les outils pour cultiver l'équanimité n'exigeaient aucune profession de foi. De la façon dont Geshe Wangpo nous les avait présentés, ils n'avaient rien de mystérieux. Mais à la base, l'essence de l'équanimité était la connaissance de la nature de l'esprit, quelque chose qui doit se développer par la pratique de la méditation. Geshe Wangpo avait évidemment maîtrisé cette pratique. Ceci était manifeste par la façon dont l'esprit des autres était si transparent à ses yeux — une conséquence naturelle de son propre esprit libéré de tout obscurcissement.

Serena mit un certain temps avant de s'en rendre compte. Elle regarda rapidement le visage de Sam, puis le sofa, puis sous la table, jusqu'en direction du panier sous le comptoir.

— Les chiens ! s'est-elle écriée.

Sam se releva en sursaut :

— Où sont-ils ? a-t-il demandé, impatient.

Tous deux se sont levés et ont examiné le café et la librairie.

Puis Serena les a repérés, couchés sur le trottoir tout juste à l'extérieur du café. Jamais, pendant toutes nos séances de fin de journée, Marcel et Kyïe Kyïe n'avaient abandonné le sofa et la possibilité de se faire caresser le ventre. Jamais ils n'étaient sortis à la noirceur de la nuit tombée. Ça ne s'était tout simplement jamais produit.

Serena échangea un regard avec Sam.

— Ils le savent, dit-elle.

Chapitre 10

En effet, ils le savaient.

Un peu plus tard, Serena comptabilisait les reçus de la soirée, après avoir remercié la dernière tablée de clients. Derrière le comptoir de la librairie, Sam faisait la même chose. Kusali mettait la touche finale au café, en préparation du petit déjeuner du lendemain. Après être sortie de la section réservée aux livres, j'étais sur le point de rentrer tranquillement à la maison.

Puis, il y eut une agitation soudaine à l'extérieur, et nous avons tous regardé vers la porte. Un grand taxi blanc s'était rangé à côté du café, ses phares toujours allumés. Quelqu'un s'était levé de la banquette arrière. Marcel et Kyïe Kyïe aboyaient comme des fous, sautant sur l'homme vêtu d'un jean noir et d'un chandail en molleton. Même avant qu'il ne se retourne, nous savions exactement qui c'était.

Il se pencha pour prendre un chien dans chacun de ses bras. Les jappements s'arrêtèrent brusquement, laissant place à une frénésie de reniflage, de gémissements et de léchage de visage. Franc envoya sa tête vers l'arrière et rit de joie.

Quand il rentra dans le café, il regarda Serena, puis Sam, Kusali et moi.

— J'arrive directement de Delhi. J'ai demandé au chauffeur de passer devant le café. Quand j'ai vu que les lumières étaient allumées…

Il n'eut pas besoin d'expliquer davantage, serrant plutôt avec plaisir les deux chiens qui gigotaient dans ses bras.

Serena fut la première à s'avancer vers lui.

— Bienvenue à la maison ! dit-elle, lui donnant un baiser sur la joue.

Franc déposa les chiens par terre. Ils se précipitèrent immédiatement dans les escaliers tandis que Sam les descendait, avant de courir de nouveau vers Franc, puis dehors sur le trottoir, puis à l'intérieur encore une fois.

— Te revoilà enfin !

Sam l'accueillit avec une poignée de main, avant de le serrer avec la force d'un ours.

Un peu plus loin, Kusali portait les mains à son cœur et se courbait profondément. Franc faisait de même, ne le quittant pas des yeux pendant tout ce temps.

— *Namasté*, Kusali.

— *Namasté*, monsieur.

Puis Franc vint jusque'où j'étais assise et me prit dans ses bras.

— Petite Rinpoché, dit-il en m'embrassant dans le cou. Je suis si content de te revoir aussi. Ce ne serait pas pareil sans toi.

Je me blottis contre son bras.

Sam baissa les yeux pour regarder les chiens qui couraient toujours comme des fous autour d'eux.

— Je sais que je n'ai rien dit à propos de mon retour, a expliqué Franc à Sam et Serena. C'est parce que pour quelque temps, je veux que vous continuiez à faire ce que vous faites.

— Vous pensez que vous pourriez vous passer du café ? demanda Serena avec un sourire qui ne trahissait rien de l'inquiétude qu'elle ressentait.

— Oh, je ne fais que m'arrêter pour un café ou un déjeuner. Mais pour diriger le café à temps plein…, dit-il en secouant la tête, je ne suis vraiment pas pressé. Une des choses que m'a fait comprendre le décès de mon père, c'est que je veux tirer le meilleur parti de ma vie à McLeod Ganj, avec tous ces grands maîtres. La vie est courte. Je ne veux pas la passer entièrement à diriger un restaurant.

Les trois humains et moi écoutions attentivement.

— Si tu ne retournais pas en Europe, a-t-il poursuivi en se tournant vers Serena, j'essaierais de te persuader de rester ici afin qu'on se partage la tâche.

— Toute une idée.

Sam regarda Serena avec un grand sourire.

— Vous feriez confiance à mon jugement ? demanda Serena les sourcils froncés.

Franc était radieux.

— Pourquoi ne devrais-je pas ? Jamais nos finances n'ont été aussi bonnes que depuis que vous vous occupez de l'établissement tous les deux. Vous semblez même vous en tirer mieux quand je ne suis pas là.

Il pencha la tête pour regarder les chiens.

— Heureusement, pas *tout le monde.*

Serena et Sam échangèrent un regard significatif.

— C'est juste…, commença Serena au même moment où Sam disait : Quand nous…

Ils s'arrêtèrent tous les deux.

— Quoi donc ? demanda Franc en les regardant à tour de rôle.

— Les dîners au cari, entreprit Serena quelques fractions de seconde avant que Sam ne dise : *Les paquets d'épices.*

— Exactement ! fit Franc, les yeux brillants.

— Mais nous pensions que…, a commencé Serena.

— Votre courriel disait…, a continué Sam.

— … que vous n'aimiez pas notre idée, a complété Serena.

Franc fronça les sourcils.

— Vous parlez des comptes du mois dernier ?

Tandis qu'ils faisaient oui de la tête, la mine basse, il rajouta :

— Je me souviens exactement de ce que j'ai écrit : JE N'AIME PAS. J'ADORE !

— Le bas de la page a dû être coupé ! dit Sam soudainement submergé par l'émotion.

Il regarda Serena, piteusement contrit.

— Nous n'avons reçu que le début de la phrase.

Mais Serena ne s'en souciait plus. Ravie, elle saisit Franc et l'étreignit.

— Vous ne pouvez pas savoir à quel point ça me rend heureuse !

Le lendemain matin, après le petit déjeuner, je me suis risquée à sortir de la suite que je partageais avec Sa Sainteté et j'ai marché sur la pointe des pieds le long du corridor qui abrite le bureau des adjoints exécutifs. J'étais prête à regagner à toute vitesse mon abri au premier signe de l'Étrangleur de chats. Au lieu de ça, j'ai entendu Tenzin et Lobsang discuter d'un nouveau développement. Plus curieuse que jamais, j'ai trottiné jusque dans le bureau.

— ... complètement par surprise, disait Tenzin avant de m'apercevoir.

Ils m'ont accueillie en chœur :

— Bonjour, CDSS.

Je me suis avancée, puis me suis d'abord frottée contre les jambes de Lobsang, puis celles de Tenzin.

— La réalité, c'est qu'il revient dans trois jours et qu'il a un programme très chargé dès son retour, dit Tenzin, reprenant leur conversation.

Il se pencha un instant pour me caresser.

— Tu entends ça, CDSS ? Dans trois jours, ton membre du personnel préféré nous ramènera Sa Sainteté.

Bien que j'aie arqué le dos en reconnaissance de son affection, la nouvelle selon laquelle le chauffeur de Sa Sainteté serait de retour à Jokhang ne m'excitait pas le moins du monde. Je me suis souvent targuée d'être un chat aux noms multiples, mais le nom dont m'avait affublée ce type rustre était honteux. J'avais reçu ce surnom au moment où j'étais en proie à mes instincts les plus vils alors que j'avais introduit une souris comateuse à Jokhang. Cher lecteur, pourriez-vous croire comment il a osé *me* nommer ? *Mousie-Toung !*

— Sa Sainteté sait à quel point il est difficile de trouver quelqu'un pour le poste, dit Tenzin. Avec tous ceux qui étaient sur notre courte liste, nous avons rencontré des problèmes de qualifications ou de caractère, ce pour quoi il a proposé cette solution à court terme.

J'étais vraiment soulagée. De ce que j'en comprenais, la place de Chogyal n'allait pas être usurpée par notre vénérable Face de Singe. Pas plus que je n'allais devoir passer en coup de vent chaque jour devant le bureau des adjoints exécutifs pour échapper à l'attention de l'Étrangleur de chats.

— Alors pour quand attends-tu le remplaçant ? demanda Lobsang.

Tenzin jeta un coup d'œil à sa montre.

— D'une minute à l'autre. Je viens juste d'envoyer Tashi et Sashi le chercher.

Lobsang hocha la tête. Jetant un coup d'œil sur l'ordinateur, il demanda :

— Et qu'en est-il de ses qualifications en informatique ?

— Je ne suis même pas certain qu'il ait déjà utilisé un téléphone portable auparavant, dit Tenzin en haussant les épaules.

— D'un autre côté, être capable de lire dans les pensées des gens est certainement un avantage, fit observer Lobsang.

Ils rirent avant que Tenzin ne reprenne la parole :

— Certaines des décisions de Sa Sainteté peuvent parfois sembler étranges. Mais j'en suis venu à découvrir que très souvent, il ne faut pas se fier aux apparences.

Un peu plus tard, Lobsang est retourné à son bureau, et j'ai repris ma place sur le classeur. Il y eut une rafale de petits pieds nus dans le corridor à l'extérieur, ainsi que quelques voix de petits garçons. Puis, sans que j'aie détecté aucun bruit ou mouvement, Yogi Tarchin apparut dans le bureau. Tout comme la fois où je l'avais vu chez les Cartwright, il portait des vêtements qui semblaient sortir tout droit d'une autre époque, avec ses tuniques de brocart rouge délavées. Une odeur d'encens et de cèdre l'accompagnait.

Tenzin se leva de sa chaise.

— Merci infiniment d'être venu, dit-il en se courbant respectueusement.

— C'est mon privilège de pouvoir servir Sa Sainteté, a répondu Yogi Tarchin en se courbant pareillement. J'ai peu de qualifications, mais beaucoup de volonté.

Tenzin fit un geste en direction de la chaise où Chogyal avait l'habitude de s'asseoir, avant de retourner à son bureau, si bien que les deux se faisaient face.

— Sa Sainteté vous voue le plus grand respect, dit Tenzin à Yogi Tarchin. Entre autres, il aimerait grandement que vous l'aidiez avec la prise de certains rendez-vous un peu plus délicats à son retour.

Je me suis rappelé à quel point Chogyal trouvait difficile de prendre de telles décisions. La politique du monastère pouvait être très complexe, et des sujets comme l'autorité scripturale, la personnalité et la lignée devaient être finement équilibrés.

Mais Yogi Tarchin a simplement ri dans sa barbe. Ce rire m'en a immédiatement rappelé un autre — celui de Sa Sainteté elle-même ! Du genre qui suggère que peu importe la gravité apparente d'une décision, une fois perçue sous l'angle de la béatitude et de l'intemporalité, elle peut être assumée aisément.

— Ah oui, dit Yogi Tarchin. Quand les décisions sont prises pour le bien de tous, elles sont faciles à prendre. Mais si l'ego se met de la partie, ça devient assez difficile !

Assis en face de lui, Tenzin semblait répondre à la présence détendue du yogi. Je notai qu'il se calait davantage dans son siège que d'habitude, et que ses épaules étaient moins raides.

— Il y a pas mal de correspondance dont il faut s'occuper à l'ordinateur, dit Tenzin en faisant un geste vers le moniteur de Chogyal. Nous pouvons demander à quelqu'un qu'il vienne vous aider pour le côté technique.

— Très bien, dit Yogi Tarchin en faisant pivoter la chaise de bureau pour qu'elle soit face à l'écran.

Puis, saisissant la souris, il la fit défiler à quelques reprises avec une grande facilité.

— Avant ma dernière retraite, j'utilisais Microsoft Office. Et comme tout le monde, j'ai un compte e-mail. Mais à part ça, effectivement, je ne suis pas très compétent en matière d'informatique.

Tenzin était stupéfait. Pas de doute qu'il voyait qu'on ne peut juger trop rapidement des capacités d'un yogi. Après tout, un esprit capable de pénétrer les vérités les plus subtiles sur la nature de la réalité était apte à bien plus de choses que de créer un document Word.

Tandis que j'ajustais ma position sur le classeur, Yogi Tarchin détacha les yeux de son moniteur.

— Oh, petite sœur ! s'est-il exclamé en se levant de sa chaise pour venir me caresser avec beaucoup de tendresse.

— C'est le chat de Sa Sainteté, autrement connu comme CDSS, expliqua Tenzin.

— Je sais. Nous nous sommes déjà rencontrés.

— Pourquoi *petite sœur* ?

— C'est juste un nom. Elle est ma petite sœur dharmique, dit Yogi Tarchin.

Mais tous les deux, nous savions qu'il faisait référence à mon rapport avec Serena, rapport dont la signification n'était pas plus claire à mes yeux qu'elle ne l'était quand il en avait parlé pour la première fois. Mais il semblait que nous partagions maintenant un secret, une compréhension, dont la vérité serait révélée dans le continuum intangible du temps.

Après que Yogi Tarchin fut retourné à son bureau, Tenzin me jeta un coup d'œil et sourit.

— Je pense que vous êtes amis, fit-il observer.

— Pour plusieurs vies, dit Yogi Tarchin en hochant la tête.

J'ai remarqué la différence à la seconde où je suis entrée dans l'Himalaya Book Café : le panier sous le comptoir était vide. D'aussi loin que je me souvienne, le café n'avait jamais été exempt de canins. Je fis une pause, davantage pour digérer la surprise que pour toute autre chose. Aussi étrange que cette confession puisse paraître, durant un instant, je fus réellement déçue. Pendant l'absence de Franc, les chiens et moi étions devenus bons amis. Mais je me suis ensuite rappelé la venue surprise de la veille — à quel point les chiens étaient excités de revoir Franc —, et j'étais heureuse pour eux. Nul doute qu'ils étaient maintenant de retour à la maison avec Franc ; tout allait pour le mieux dans leur petit monde.

C'était également ce que l'on ressentait à l'intérieur du café. La visite d'hier soir pouvait n'avoir duré que dix minutes, elle avait eu le même effet qu'un orage qui éclate. Toute la tension accumulée au cours des jours précédents avait été libérée en un seul moment cathartique. Serena se déplaçait avec une nouvelle assurance. Sam s'activait tout autour, arrangeant un nouvel affichage permanent pour les paquets d'épices. Il semblait même y avoir une nouvelle agitation parmi les serveurs. Décidément, l'Himalaya Book Café était sur une montée. Et il y avait une personne, plus que toute autre, avec qui Serena voulait partager les bonnes nouvelles.

Plusieurs fois, je la vis s'approcher du téléphone sur le comptoir de réception, sortir la carte de Sid et prendre le combiné. Chaque fois, quelque chose d'autre s'était présenté qui exigeait son attention immédiate. Avec une activité constante, l'avant du café n'était pas exactement le meilleur endroit pour essayer d'avoir une conversation privée. C'est alors qu'une autre pensée a semblé lui effleurer l'esprit.

Sortant la carte de Sid, elle s'approcha de Kusali.

— La rue Bougainvillea ? a-t-elle demandé. C'est celle qui passe derrière ici, n'est-ce pas ? Celle que je prends pour aller au yoga ?

— Oui, mademoiselle, a-t-il confirmé.

Puis, en regardant la carte, Kusali dit :

— Le numéro 108. C'est l'endroit avec les hauts murs blancs et la porte en métal.

— Vraiment ? dit-elle en lorgnant dans ma direction. Je connais l'endroit, c'est une sorte de bâtiment commercial ?

— Je pense, répondit Kusali. Il y a toujours beaucoup de va-et-vient.

Je pouvais voir la direction que ses pensées prenaient, et ma curiosité a immédiatement été piquée au vif. Je me suis rappelé les pelouses vallonnées et les cèdres imposants ; l'éternité que j'avais passée juchée sur la barrière. Je pensai aux parterres de fleurs embrasés de couleurs et de parfums, ainsi qu'au bâtiment qui semblait immense et rempli de coins et de recoins, comme nous les chats aimons tant à les explorer. Je résolus d'aller visiter l'endroit avec Serena.

En me rappelant l'immensité de la colline et le défi que représentait son inclinaison — ne l'oublierais-je jamais ? — je décidai de prendre une longueur d'avance. Délaissant le café et suivant la ruelle derrière, tout en demeurant à l'affût d'éventuels retrievers, je commençai mon ascension de la rue Bougainvillea en direction de la propriété aux murs blancs escarpés. Je pris soin de rester près des bâtiments et de regarder fréquemment derrière moi, prête à courir me mettre à l'abri si je voyais soit les retrievers, soit Serena approcher. Je savais que Serena ne me laisserait pas la suivre très loin du café. Mais si j'apparaissais lorsqu'elle s'apprêtait à faire son entrée sur la propriété, aurait-elle le choix ?

Si bien que lorsque la porte piétonnière du côté s'est ouverte après que Serena se fut annoncée à l'interphone, j'étais là, tout à fait par hasard, à ses pieds. Quelle coïncidence !

Nous sommes rentrées.

Nous avons suivi un sentier court et pavé jusqu'à la maison. Il y avait une volée de marches en marbre devant l'entrée principale, qui se trouvait sous un portique. Avec ses colonnes et doubles portes françaises en laiton poli, l'entrée avait un air solennel.

Serena a ouvert une des portes et nous nous sommes retrouvées dans un énorme vestibule avec des panneaux en bois, des tapis indiens et une longue table antique sentant le poli pour meubles. Autrement, la pièce était vide. Mais nous ne pouvions deviner, du premier coup, dans quel genre de bâtiment nous avions pénétré. L'entrée n'avait rien de la froide impersonnalité d'un vestibule de bureau ni de la chaleur accueillante d'une propriété privée. Droit devant se trouvait une porte ouverte qui donnait sur un corridor. À gauche se trouvait une autre porte qui menait à une salle de réception. Et à droite, on apercevait une volée d'escaliers.

Tandis que nous contemplions tout ça, un homme d'une cinquantaine d'années, en chemise et cravate, est sorti et s'est avancé vers nous.

— Puis-je vous être utile, madame ? demanda-t-il en jetant un coup d'œil légèrement inquiet sur moi, maintenant assise à côté d'elle.

Serena hocha la tête.

— Pourrais-je voir Sid, s'il vous plaît ?

Il parut déconcerté.

— Sid, a-t-elle répété en cherchant à dissiper toute confusion. Peut-être est-il responsable des TI ?

— TI ? a-t-il répété, comme si c'était la première fois qu'il entendait le terme.

Il regarda anxieusement vers les escaliers, avant de marcher en leur direction.

— Je vais demander, dit-il.

Avant qu'il n'ait complètement traversé le vestibule, nous avons entendu une porte s'ouvrir quelque part au-dessus de nous, puis Sid est alors apparu en haut des escaliers.

Tout comme la veille, il portait un costume foncé, l'air distingué et important.

— Je regardais par la fenêtre il y a un instant. J'ai pensé que c'était toi, dit-il, un certain étonnement dans la voix.

Il semblait aussi enchanté. Mais ne faisait-il pas également preuve d'une certaine réserve ?

— Merci, Ajit, dit-il en renvoyant l'homme qui nous avait accueillies.

Ajit se courba brièvement avant de disparaître.

Tandis que Sid descendait les escaliers, Serena jeta un coup d'œil vers moi :

— J'espère que ça ne te dérange pas, mais on dirait que j'ai été suivie. Je présume que vous n'acceptez pas les chats.

Arrivant en bas de l'escalier, Sid fit le geste d'ouvrir les bras.

— Bien sûr que nous les acceptons ! En tout temps ! Un établissement sans chat n'a pas d'âme.

— Il y a quelques nouvelles que je souhaitais partager en personne avec toi, lui dit Serena les yeux pétillants. J'espère que ça ne dérange pas que je vienne à ton bureau.

— Pas du tout, a-t-il répondu en souriant. Allons quelque part où nous ne serons pas dérangés. Mais j'attends un appel téléphonique d'une minute à l'autre. Je devrai absolument répondre.

Il nous conduisit dans une pièce avec des sofas, des fenêtres en saillie et des tableaux aux cadres dorés. Nous avons ensuite continué vers un ensemble de portes en verre, jusqu'à une véranda qui surplombait des pelouses et des jardins que j'avais déjà vus, mais sous une perspective très différente. La véranda était aménagée avec des meubles en rotin.

Pendant un instant, Serena regarda au-dehors, respirant la beauté du domaine. Une allée épousait le périmètre de la propriété, ombragée par de grands pins. Un mouvement entre les arbres retint son attention.

— Oh, regarde, dit-elle en faisant un geste vers la Mercedes blanche qui remontait l'allée à vive allure.

Une figure distinctive, portant une veste foncée et un chapeau gris, était au volant.

— Travaille-t-il ici ? demanda Serena.

— Oui, a répondu Sid en l'invitant à s'asseoir. Un verre ?

— Ce ne sera pas long, dit-elle en secouant la tête.

Tandis qu'il tirait une chaise près de là où elle était assise, je reniflai les pieds des meubles. Ils dégageaient une forte odeur de cire. En me tenant sur mes pattes de derrière, j'inspectai le tissu des coussins — usé à force d'utilisation. Bien que je ne sois jamais venue ici auparavant, je m'y suis immédiatement sentie chez moi. Je sautai sur la chaise à côté de Serena, de sorte que je puisse examiner ce qui se passait autour de moi.

— Franc a fait une apparition surprise au café hier soir, a commencé Serena.

— Si tôt ?

Elle hocha la tête.

— Il n'a pas donné de préavis parce qu'il ne veut pas revenir en tant que directeur. Du moins, pas tout de suite. En fait, dit-elle toute souriante, il parle de travail partagé. Il voudrait passer plus de temps à l'extérieur du café.

— Vraiment ?

Sid était maintenant assis sur le bout de sa chaise.

— Il y a mieux, a confié Serena. L'histoire à propos des dîners au cari et des paquets d'épices n'était qu'un malentendu.

— Quoi ?

— Un classique, dit-elle en secouant la tête. Il s'avère qu'il a écrit « *JE N'AIME PAS. J'ADORE !* » au bas d'une page, mais le scanneur n'a pas numérisé la dernière ligne.

Sid sourit, ses traits resplendissant de possibilités.

— Ainsi, en une si courte visite… ?

— Tout est différent.

Des coups pressants se firent entendre sur la porte en verre, et les deux ont alors regardé dans cette direction.

Un homme en chemise cravate a regardé Sid impérieusement, et a annoncé :

— Genève au bout du fil.

— Désolé, fit Sid en se levant prestement. Je serai aussi rapide que possible.

Sur sa chaise, Serena regardait les jardins, appréciant entre autres la lumière du soleil. Du regard, elle balaya le feuillage verdoyant, avant de revenir à la porte qui avait vu Sid partir. Ne pouvant plus contenir sa curiosité, elle retourna dans la salle de réception. Ai-je besoin de dire que j'ai suivi aussitôt ?

Un gigantesque foyer, dont le manteau arrivait à l'épaule de Serena, dominait le mur. Au-dessus se trouvait le portrait d'un homme indien portant le turban, un costume avec un col Nehru et des boutons ornés de bijoux, ainsi qu'une épée à la taille. Il s'en dégageait une expression sévère — une ressemblance indéniable avec Sid.

Une paire d'épées incurvées et croisées, engainées dans de l'or et du cuir noir, étaient accrochées sur un autre mur, à côté de plusieurs bannières en soie brodées avec du filigrane d'argent. Serena observa soigneusement ce décor avant que son attention ne soit attirée vers une table d'appoint fortement polie, sur laquelle trônaient des photos de famille encadrées. Certaines en sépia, d'autres polychromes, elles montraient des générations d'une grande famille en portraits individuels et en groupes. Il y avait plusieurs photographies de Sid avec ses parents. Elle les examina avec grand intérêt.

Un côté de la table était consacré aux photographies d'une jeune femme. Dans certains cas, elle était avec Sid ; d'autres fois, elle était accompagnée d'une jeune fille. Il y avait également des portraits de la fille seule à mesure qu'elle vieillissait.

Près d'une des fenêtres en saillie, il y avait une grande peinture d'un bâtiment somptueux au dôme doré. Il était entouré de hauts murs et de palmiers imposants — le genre de palais que Serena avait vu sur la couverture lustrée des livres sur l'architecture indienne qui traînaient sur la table basse de la librairie au café. Elle contempla la toile pendant un bon moment jusqu'à ce que le bruit des voix, à l'extérieur, ne retienne son attention.

Des fenêtres qui donnaient sur l'allée, nous pouvions voir la Mercedes blanche qui était maintenant garée sous le portique. À côté de la voiture se trouvait l'homme à la veste foncée et au chapeau gris — celui qu'elle avait cru être le Maharajah. L'homme qui avait informé Sid de l'appel de Genève était en train de lui parler. Même si nous ne pouvions entendre ce qu'il disait, il était clair qu'il lui donnait des directives.

Serena les observa. Plongée dans ses pensées, elle essayait de trouver un sens aux échanges énigmatiques qu'elle avait eus avec Sid.

« Quelqu'un a dit qu'il était le Maharajah d'Himachal Pradesh », avait-elle dit à Sid un soir alors qu'ils rentraient de leur cours de yoga.

« J'ai entendu la même chose », avait répondu Sid.

Elle comprenait maintenant que Sid était d'accord avec ce qu'elle avait entendu, non pas à savoir si c'était vrai ou pas.

Puis il y avait eu l'apparition inexpliquée du Maharajah avec les extincteurs, à ce moment critique où la maison de Ludo et son studio de yoga étaient en jeu. Si quelqu'un l'avait appelé, sa venue opportune aurait semblé moins étrange.

Hier encore, Sid avait hésité à lui remettre sa carte professionnelle. Et quand il le fit, elle avait vu qu'il fournissait ses coordonnées mais aucun nom.

Finalement, il y avait eu la réaction d'un membre du personnel quand, un peu plus tôt, elle avait dit être venue pour voir Sid.

Les sentiments qu'elle avait nourris pour Sid, et son attention et sa compassion pour elle avaient pourtant semblé réels. Mais pourquoi tout ce mystère ?

Il y eut un bruit de pas dans l'escalier, puis Sid traversa le couloir en notre direction. Il s'arrêta abruptement quand il entra dans la salle de réception et qu'il trouva Serena devant les photos de famille.

— Ainsi, *vous* êtes le Maharajah, dit Serena d'un ton plus étonné qu'accusateur.

L'expression solennelle, il hocha la tête.

— Alors pourquoi…

— Apprendre l'importance de la discrétion m'a coûté très cher. Et tu peux continuer à me tutoyer. Je prévoyais de te le dire directement, Serena. Je ne m'attendais pas à ce que tu viennes ici sans avertir.

— Évidemment.

— Permets-moi de t'expliquer, fit-il en pointant une chaise.

De nouveau, les deux étaient assis face à l'autre, elle sur une chaise, lui sur un sofa. De nouveau, je reniflai les pattes des meubles, cette fois en examinant les rideaux et les tapis indiens fleuris avec grande curiosité. Ici aussi, tout me paraissait très familier.

Même familial.

— Mon grand-père a hérité d'un vaste domaine quand il avait mon âge, expliqua Sid à Serena. Même selon les normes d'opulence des maharajahs impériaux, c'était un homme immensément riche. Ses diamants se comptaient au kilo, ses perles se mesuraient à l'acre, et ses barres d'or se comptabilisaient à la tonne.

» Il a aussi hérité d'un personnel de plus de 10 000 membres, y compris une quarantaine de concubines avec leurs enfants, et plus de 1 000 gardes du corps. Il y avait 20 personnes dont le seul travail était de cueillir de l'eau potable pour la famille étendue à partir du puits le plus près, situé à des kilomètres plus loin.

Serena écoutait avec beaucoup d'attention. Je sautai sur le sofa et me faufilai vers Sid, testant une de ses jambes avec ma patte droite. Puisqu'il n'émit aucune objection, je me suis hissée sur ses cuisses, tournant sur moi-même plusieurs fois pour trouver la meilleure position, puis je me suis lovée sur ses pantalons rayés. Ceci étant fait, il me caressa de façon réconfortante. C'était comme si nous nous étions assis ensemble plusieurs fois par le passé.

— Malheureusement, a continué Sid, à la différence de nos prédécesseurs, mon grand-père n'était pas un homme astucieux. Tout le monde profita de lui : ses conseillers, ses employés, même ses soi-disant amis. Au fil des ans, il a perdu tous ses domaines et son argent. Je me souviens du jour où mon père nous a amenés lui rendre visite sur son lit de mort. À ce moment-là, le palais était délabré, dépouillé de la plupart de ses objets de valeur, mais même alors, il débordait de personnes censément venues lui présenter leurs derniers adieux. Mon père avait retenu les services de gardes du corps privés qui, à chaque porte, fouillaient tous les visiteurs à leur sortie.

Sid a secoué la tête.

— Je ne peux même pas décrire tous les « souvenirs » que les gens ont essayé de voler.

» Au moment où mon père est devenu Maharajah, c'était un titre qui n'en avait à peu près que le nom, à l'exception d'un bâtiment délabré dans les collines de l'Himalaya où il n'est jamais retourné. Il n'avait que peu d'intérêt pour le commerce et se consacrait plutôt aux questions spirituelles. Il s'est tourné vers le bouddhisme, ce qui explique qu'il m'ait appelé Siddhartha, d'après le nom de Bouddha à sa naissance.

Je ronronnai.

— Peut-être parce qu'il était si peu matérialiste, mon père n'a pas compris ce que signifiait réellement la perte de la fortune familiale. Nous vivions toujours comme si nous avions de l'argent, et il y avait toujours des créanciers bien disposés en raison de notre nom de famille. Il m'a envoyé étudier à l'étranger, et j'ai rencontré une fille qui a aussi cru qu'elle allait épouser un héritier.

» Quand les créanciers ont finalement perdu patience avec mon père et ont commencé à le menacer, il est mort d'une crise cardiaque. Ma petite amie m'a quitté. Je suis revenu à la maison pour n'y trouver qu'une mère endeuillée et une montagne de dettes. Alors, tu vois, dit Sid en pénétrant Serena du regard, depuis lors j'ai été très peu disposé à utiliser un titre et un nom de famille qui ont été si… problématiques.

Serena le regarda avec compassion.

— Je suis si désolée d'entendre tout ça, dit-elle chaleureusement. C'est vraiment terrible pour toi.

— C'est le passé, a-t-il fait en hochant vivement la tête. Depuis, j'ai connu un certain succès dans les affaires. À la différence de mes ancêtres, je me suis concentré sur le bien-être de ma communauté, ainsi que sur le mien. C'est pourquoi je m'intéresse, par exemple, aux épices équitables.

— Tu es trop modeste, dit-elle en souriant.

Elle fit un geste qui englobait le bâtiment, ainsi que les jardins environnants.

— À mes yeux, tu as *très* bien réussi. Cela devrait te rendre heureux.

Sid considéra cette remarque pendant un bon moment, avant de dire :

— Je pense que c'est tout à fait l'inverse ; le bonheur vient en premier, puis la réussite.

Serena l'écoutant attentivement, il continua.

— Quand je suis revenu en Inde, j'ai surmonté beaucoup de difficultés, mais dans mon cœur, je connaissais ma raison d'être. Je voulais atteindre cet équilibre qui avait fait défaut tant à mon père qu'à mon grand-père dans leur vie. La méditation et le yoga m'ont bien sûr apporté un bien-être mental et physique. Des activités commerciales qui m'ont enrichi, moi et ma communauté, cela aussi a contribué à l'atteinte de cet équilibre. Il m'importait peu que j'aie à vivre dans un petit deux-pièces au-dessus du marché. Je sentais déjà que je faisais partie de la communauté. Par de petits gestes, j'étais capable d'aider. Lorsqu'on obtient cette satisfaction intérieure, qu'on ait atteint ses objectifs ou non, je pense que la réussite est davantage à notre portée.

— Le paradoxe du non-attachement, a convenu Serena.

— Peu de personnes peuvent comprendre.

Serena a soutenu son regard pendant un long moment avant de faire un geste vers la toile sur le mur.

— Est-ce ta résidence familiale ?

Sid hocha la tête.

— Une peinture de l'époque de mon grand-père. Elle est toujours plus ou moins la même, mais petit à petit nous la rénovons afin de lui redonner sa gloire passée.

— Elle est magnifique !

— Le Palais des quatre pavillons. En son temps, il était sublime. Aujourd'hui, il est simplement habitable. Ma mère a quitté Delhi il y a un an pour s'y installer avec sa famille de chats himalayens. Tout comme celui-ci.

Je regardai Sid d'un air interrogateur.

Delhi. Là où je suis née. D'une chatte dont la famille était censée être riche et qui avait déménagé depuis peu, sans que personne ait pu la retracer.

— Tu sembles très à l'aise avec elle sur tes genoux.

— Oh, oui. Ce sont des créatures très spéciales, particulièrement sensibles à l'humeur et à l'énergie des personnes.

Puis, après un moment, il demanda :

— Alors, ai-je raison de dire que nous pouvons travailler ensemble afin de présenter au monde entier vos paquets d'épices ?

Pendant un moment, ils ont parlé de distribution, de chaînes d'approvisionnements, de marketing en ligne et d'appuis de la part de célébrités. Mais je pouvais sentir que sous la surface, autre chose se produisait. Cet après-midi-là, avec les rayons du soleil qui entraient abondamment par la fenêtre en saillie, c'était comme si Sid et Serena dansaient.

Puis, il fut temps pour Serena de partir et de se préparer pour son cours de yoga. Alors que nous quittions la pièce, elle se retourna et regarda de nouveau la peinture.

— J'aimerais voir le Palais des quatre pavillons. M'y amèneras-tu un jour ?

Sid sourit à belles dents.

— Ce serait un grand plaisir.

Nous nous sommes tous les trois dirigés vers la porte. Puis Sid est demeuré en haut des escaliers pour nous observer tandis que nous partions.

À mi-chemin le long du sentier, Serena se retourna.

— En passant… *Siddhartha,* dit-elle en protégeant ses yeux des rayons du soleil, le soir du feu : mon écharpe était bel et bien sur le balcon, n'est-ce pas ?

Il y eut une longue pause avant qu'il n'hoche la tête.

La brise de fin d'après-midi portait en elle la promesse suave d'une soirée au jasmin. Serena embrassa le bout de ses doigts et souffla un baiser en direction de Sid.

Avec un sourire, il posa ses mains contre son cœur.

Chapitre 11

Le jour du retour de Sa Sainteté arriva finalement ! En me réveillant de mon quarante-quatrième dodo seule sur la couverture de yak, je me suis souvenue que le dalaï-lama serait à la maison dans les heures qui suivent, avant même que je n'ouvre les yeux. Je suis descendue du lit avec allégresse.

Tôt ce matin-là, tout Jokhang bourdonnait de préparatifs. Du cabinet de travail de Sa Sainteté s'élevait le bruit des concierges qui époussetaient l'endroit et passaient l'aspirateur. Quand je suis sortie de notre appartement, ayant pris quelques bouchées pour le petit déjeuner, des fleurs fraîches avaient été livrées et placées dans les zones d'accueil, non seulement pour accueillir le dalaï-lama, mais les nombreux invités qu'il recevrait bientôt.

Dans le bureau des adjoints exécutifs, la chaise de Tenzin était vide. Lui et son chauffeur étaient sur le chemin de l'aéroport de Kangra pour accueillir Sa Sainteté lorsqu'elle descendrait de l'avion. Sur le chemin du retour, Tenzin informerait le dalaï-lama sur les sujets les plus urgents et les plus importants de l'heure.

De l'autre côté du bureau, Yogi Tarchin n'avait pas terminé de parler à une personne qu'une autre faisait déjà connaître ses propres exigences. Loin de montrer quelque signe d'irritation, il composait facilement, voire plaisamment, avec la situation. Une légèreté envahissait la pièce.

Hélas, ce sentiment n'était pas prégnant plus loin dans le corridor quand je fis une pause devant la porte du bureau de Lobsang. Sa présence typiquement sereine avait curieusement changé. Pendant un moment, je l'ai observé tandis qu'il rangeait ses étagères, qu'il faisait le tri de ses dossiers avant d'en placer quelques-uns bien en vue sur son bureau, et qu'il regardait de façon distraite autour de la pièce. Cela m'a pris un certain temps avant de comprendre ce qu'il semblait ressentir : de l'appréhension.

De telles préoccupations ne semblaient pas troubler les autres personnes à Jokhang. Il y avait plutôt une fébrilité festive dans l'air. Sa Sainteté serait bientôt de retour parmi nous, et avec elle, notre raison même d'être ici. Une pléthore de messagers se présenta avec une panoplie de cadeaux, de colis et de correspondance importante. Dans la pièce du personnel, des voix s'élevaient avec une certaine urgence, et les rires réverbéraient dans le corridor tandis que les gens découvraient une nouvelle signification à leur travail. De la cuisine nous venaient les arômes inimitables des plats mijotés par Mme Trinci, laquelle préparait le déjeuner pour les premiers visiteurs de Sa Sainteté.

En tant que chat avec une intuition féline bien développée, je savais exactement quand le dalaï-lama arriverait à la maison. Ainsi, au lieu de me prélasser sur le classeur du bureau des adjoints, j'ai opté pour ma place préférée lorsque Sa Sainteté est présente parmi nous — le rebord de fenêtre de la salle de réception principale. C'était ici qu'il passait énormément de temps et que j'écoutais clandestinement les conversations les plus intrigantes, et — ce qui relève de la plus haute priorité pour un chat — c'était ici que je pouvais observer tous les va-et-vient de la cour en dessous.

Cependant, ce ne sont pas tous les va-et-vient qui faisaient l'objet d'une observation *attentive*. Après tout, pourquoi le petit déjeuner existerait-il s'il n'était pas suivi d'un petit somme postprandial ? Sans compter que la douce brise qui soufflait par la fenêtre ouverte avait un effet délicieusement soporifique. C'est ainsi que je me prélassais, lorsqu'un peu plus tard, je fus réveillée par le bruit des applaudissements qui venaient du corridor extérieur. La porte de la pièce de réception s'est ouverte, et des agents de sécurité ont procédé à une vérification finale. Soudainement, Sa Sainteté apparut.

Le dalaï-lama entra dans la pièce et regarda directement en ma direction. À l'instant où nos yeux se rencontrèrent, je fus remplie d'un bonheur si immense que c'en était presque accablant. En laissant les membres de son personnel et ses conseillers derrière, il vint directement à moi et me prit dans ses bras.

— Comment vas-tu, ma petite lionne des neiges ? a-t-il murmuré. Tu m'as manqué !

Il se retourna, de sorte qu'ensemble nous avons regardé par la fenêtre, jusqu'à la vallée de Kangra. En ce matin himalayen, il semblait que l'air n'avait jamais été aussi vif, le ciel si clair, le parfum de cyprès et de rhododendron jamais aussi fort. En regardant vers les sentiers de pierre, amortis par des aiguilles de pin, j'étais en communication muette avec Sa Sainteté.

Pendant que je ronronnais, il eut un petit rire en se rappelant notre dernière conversation. Avait-il réellement besoin de demander si j'avais exploré l'art du ronronnement ?

Il ne s'est pas donné ce mal.

Pas plus que je n'ai eu besoin de le lui dire, car il connaissait mes expériences avec plus de clarté et de compassion que je ne les connaissais moi-même. Le dalaï-lama était bien conscient de ce que j'avais appris durant son voyage. Il savait qu'en écoutant ce célèbre psychologue à la librairie du café, j'en étais venue à me rendre compte qu'en dépit de toutes nos idées sur ce qui nous rend heureux, la plupart du temps, nos attentes sont fausses. Il savait aussi que l'observation de Viktor Frankl, à savoir que le bonheur apparaît comme un effet secondaire de notre dévouement à une cause qui nous dépasse, prenait tout son sens pour moi.

De Ludo, au studio de yoga, j'avais découvert que le bonheur ne se trouvait pas dans le passé. Gordon Finlay était la preuve qu'il ne fallait pas l'attendre dans un certain avenir mythique non plus. Et si je devais retenir une chose du décès prématuré de Chogyal, c'est qu'il n'y a qu'en cultivant un sens de l'évanescence de la vie que je serai capable d'apprécier chaque jour pour ce qu'il est vraiment : un miracle.

Sam Goldberg, et sa formule du bonheur, m'avait convaincue que peu importe les circonstances ou notre tempérament, chacun de nous avait la capacité d'accéder à un plus grand bonheur par des pratiques comme la méditation. Sans compter qu'en aidant les autres, nous sommes souvent les premiers bénéficiaires. Pourrait-il y avoir une meilleure raison de ronronner ?

Grâce au préfet de discipline du monastère de Namgyal, j'en étais venue à comprendre à quel point l'humeur est souvent reliée à la nourriture. Et les crises personnelles qu'avaient vécues Sam et Serena avaient mené à une intervention surprise de Geshe Wangpo ; une leçon pratique sur la façon de cultiver l'équanimité.

Siddhartha, le Maharajah d'Himachal Pradesh, semblait être la preuve vivante que le rapport entre bonheur et réussite est l'inverse de ce que beaucoup de personnes croient.

Mais c'était Yogi Tarchin qui m'avait amenée à comprendre la vision limitée que j'avais de mon propre esprit, ainsi que de mon potentiel pour le bonheur. Et le biologiste britannique nous avait redonné de l'espoir, à nous tous *sem chens*, en expliquant que la compréhension panoramique est une aptitude que possèdent tous les êtres sensibles. Le changement de perspective est époustouflant lorsque nous commençons à nous voir comme des consciences capables d'expériences humaines, félines, ou même canines, plutôt que comme des personnes, des chats ou des chiens capables d'expériences conscientes.

Le dalaï-lama et moi avons partagé notre compréhension de tout ceci pendant que nous appréciions le matin himalayen ensemble. Et, comme il l'avait promis avant de partir en voyage, le moment est arrivé où il allait partager ses idées au sujet des causes réelles du bonheur, de passer le message qui m'était spécialement destiné — à moi et à ceux avec qui je partage un lien karmique. Puisque vous êtes resté avec moi tout ce temps, cher lecteur, ceci vous inclut !

— Il y a une sagesse particulière à propos du bonheur, m'a confié Sa Sainteté. Certains textes l'appellent le *Saint Secret*. Comme c'est souvent le cas avec la sagesse, c'est simple à expliquer, mais beaucoup moins à vivre. Le Saint Secret est le suivant : si vous souhaitez mettre fin à vos souffrances, cherchez à mettre fin à celles des autres. Si vous souhaitez le bonheur, cherchez celui des autres. Cesser de penser à soi pour penser aux autres, c'est la meilleure façon d'être heureux.

J'ai absorbé l'importance de ses mots, de pair avec l'air du matin qui circulait par la fenêtre ouverte. L'idée de penser aux autres presque autant que je pensais à moi-même était, en effet, déconcertante. CDSS, lionne des neiges, Rinpoché, Swami, la-plus-belle-créature-qui-ait-jamais-existé ; c'est elle qui est au centre de ma conscience à partir du moment où je me réveille chaque matin jusqu'à la seconde où je m'endors le soir.

— Trop penser à soi est cause de beaucoup de souffrances, dit le dalaï-lama. Inquiétude, dépression, ressentiment, crainte, tous ces symptômes sont aggravés par un trop grand souci de soi. Le mantra *Moi, moi, moi* n'est pas une panacée.

Maintenant qu'il l'avait porté à mon attention, je me suis rendu compte que les fois où j'avais été la plus malheureuse, c'était lorsque je me souciais le plus de moi-même. Lorsque je me suis fâchée avec Chogyal pour avoir demandé qu'on nettoie ma couverture, par exemple, le bonheur de personne d'autre n'occupait mes pensées à ce moment-là — et certainement pas celui de Chogyal !

Et puis, il y avait eu cet autre enseignement de la plus haute importance que m'avait offert Sa Sainteté :

— Il n'est pas nécessaire de mettre fin à la douleur de tous les êtres afin de mettre fin à la vôtre, ou de faire le bonheur de tous les êtres humains pour faire le vôtre. Si c'était le cas, dit-il en rigolant, alors tous les bouddhas auraient échoué !

» Nous pouvons tous apprendre à utiliser ce merveilleux paradoxe, m'a-t-il dit en regardant profondément dans mes yeux bleu saphir. Sois sagement égoïste, petite lionne des neiges. Fais ton bonheur en faisant celui des autres.

Il se fit silencieux pendant un moment, caressant mon visage avec une exquise tendresse.

— Tu le fais déjà, je pense, chaque fois que tu ronronnes.

Le retour de Sa Sainteté devait m'offrir plus d'excitation qu'il ne m'en fallait dans une journée. Mais les choses allaient devenir encore meilleures ; puisque des délégués de haut rang des Nations unies restaient pour le déjeuner, je serais en mesure de rendre visite à Mme Trinci à la cuisine. Et comme je l'avais prévu, elle m'a récompensée de ma visite en me rappelant d'abord ma beauté incomparable, puis en me servant une généreuse portion de crevettes succulentes, garnies d'une sauce au fromage de chèvre. L'onctuosité de ce plat était telle que cela me prit un moment avant de nettoyer toute la soucoupe.

Ensuite, je me suis reposée dans l'après-midi tacheté de lumière, à l'extérieur de la cuisine, puis je me suis lavé le visage, repue et contentée. Sa Sainteté était de retour dans la résidence. Mme Trinci serait, encore une fois, une visiteuse régulière. Tout allait pour le mieux dans mon petit monde.

Et il y avait autre chose à laquelle je devais me préparer : une brève cérémonie, ce soir, afin de marquer la réouverture du balcon de l'École de yoga du Chien tête en bas. Au cours des derniers jours, l'avant de la maison de Ludo grouillait d'ouvriers qui remplaçaient les poutres endommagées par le feu avec des appuis en acier plus robustes. J'avais entendu Serena parler avec enthousiasme du balcon refait à neuf, lequel était plus solide et plus grand que l'ancien et avait été recouvert d'un beau tapis tissé à la main que ses étudiants avaient offert à Ludo. Puisque le balcon allait être utilisé de nouveau, Ludo avait décidé de célébrer l'occasion avec une autre « inauguration officielle », laquelle allait être présidée par un invité mystère.

Me déplaçant allègrement parmi des cercles restreints, je connaissais, cher lecteur, l'identité de l'invité mystère. Et puisque je vous compte parmi mes intimes, je suis sûre que vous avez aussi une assez bonne idée de qui il s'agit. Étant donné que l'événement regrouperait tellement de gens que j'affectionnais sous un même toit, je décidai que moi — la Swami de l'École de yoga du Chien tête en bas — devrais également y assister.

Je commençai à remonter la rue Bougainvillea vers la fin de l'après-midi, passant devant le magasin d'épices qui avait été le lieu d'une telle panique et d'un tel désordre, il n'y avait que quelques semaines. Je marchai le long du trottoir où je m'étais sentie si prisonnière. Et c'est en marchant le long de la propriété de Sid, avec ses hauts murs blancs, que le drame s'est à nouveau produit. Les mêmes deux monstres canins sont sortis de nulle part et ont chargé directement en ma direction. Seulement, cette fois c'était différent. Pis encore : il n'y avait aucune chance de s'échapper.

Un chat plus robuste aurait pu déguerpir de l'autre côté de la rue, escalader un mur, et ainsi achever son évasion. Mais je connaissais mes limites. Il n'y avait aucune issue possible.

Je me tournai vers mes poursuivants et, au moment même où ils me rejoignaient, je m'assis. Mon geste les prit complètement par surprise, eux qui s'attendaient plutôt à une poursuite endiablée. Ils ont projeté leurs pattes en avant et se sont finalement arrêtés sur leurs quatre pattes. Tandis qu'ils me dominaient, j'étais enveloppée de leur halètement chaud et sulfureux. Les langues pendantes et dégoulinantes de bave, ils avancèrent le museau vers moi.

Que me restait-il à faire ? Je grognai. Ouvrant ma bouche aussi grande que possible, je crachai avec la fureur d'une divinité courroucée faisant mille fois leur taille. Mon cœur battait la chamade, et mes poils étaient hérissés au maximum. Mais tandis que je montrais mes crocs et que je faisais aller ma gueule dans tous les sens, les deux grosses bêtes reculèrent et furent tellement surprises qu'elles baissèrent les yeux.

Ce n'était pas la réception à laquelle elles s'attendaient. Ni une qu'elles semblaient apprécier. Un des monstres approcha son museau à deux doigts de mon visage. En un éclair, je le corrigeai d'un bon coup de patte. Il émit un gémissement de douleur, puis recula rapidement.

Nous étions dans une impasse. Ils m'avaient acculée au pied du mur — chose qu'ils n'avaient pas vraiment prévue.

Et maintenant qu'elle s'était produite, ils ne savaient pas quoi faire. La démonstration de ma férocité avait abruptement mis fin à leur jeu.

Juste à temps, le grand homme à la veste de tweed arriva.

— Arrêtez, vous deux, lança-t-il sur un ton impérieux. Laissez ce pauvre chat tranquille.

Ils ont semblé on ne peut plus soulagés d'être remis en laisse et amenés au loin.

En les regardant s'en aller, j'ai trouvé, à ma grande surprise, que j'étais beaucoup moins traumatisée par la rencontre que je ne l'avais prévu. J'avais fait face à ma plus grande crainte et j'avais découvert que je pouvais me tirer d'affaire. J'étais plus forte que je ne le pensais. C'était un test, et je l'avais réussi haut la main face à ces deux chiens dégoulinants de bave.

Tandis que je poursuivais mon chemin, je me suis rappelé quelque chose que Sa Sainteté m'avait dit : trop penser à soi est une cause de souffrance, et la peur et l'inquiétude s'aggravent quand on se concentre sur le *moi*. Soudain, je me suis demandé si quelques semaines auparavant, je n'avais pas fini enduite d'épices et prisonnière d'un mur par ma propre faute, parce que je m'étais concentrée sur ma propre fourrure au lieu d'affronter les chiens. Les choses n'auraient-elles pas été mieux si j'étais restée sur place et que j'avais tenu tête à mes poursuivants ? Est-ce que le soi-disant instinct de survie ne se retourne pas parfois contre nous pour devenir la cause même de notre douleur ?

Après avoir combattu ces deux bêtes, je me sentais plus solide et plus confiante tandis que je continuais à gravir la colline. Je pouvais être petite et légèrement estropiée, mais j'avais un cœur de lionne des neiges ! J'avais terrassé mes démons. J'étais la Swami, celle qui avait vaincu les golden retrievers !

La maison de Ludo semblait festive pour l'occasion. Un nouvel arrangement de drapeaux de prières tibétains, aux éclats des plus colorés, flottait sous les corniches et semait d'innombrables prières au vent. Le couloir avait été refait et sentait la peinture fraîche. L'affiche de l'*École de yoga du Chien tête en bas* avait été repeinte au pochoir au-dessus de l'entrée.

Jamais le studio n'avait compté autant de personnes. Tous les yogis et yoginîs réguliers étaient là, incluant Merrilee — sans flasque — Jordan et Ewing, tandis que plusieurs autres avaient l'air de n'avoir jamais vu l'intérieur d'un studio de yoga auparavant, mais étaient non moins intrigués par la promesse de l'invité mystère de Ludo. Je reconnus les habitués du café et les résidents de McLeod Ganj que je croise parfois dans la rue — même les voisins immédiats de Ludo, où l'incendie s'était d'abord déclaré. Tandis que je me frayais un chemin à travers les rangées de tapis de yoga jusqu'à ma place habituelle, mon arrivée a été dûment remarquée.

J'étais heureuse de trouver une personne dans la rangée de derrière, qui, bien que sortie de son contexte habituel, m'était chaudement familière. C'était Lobsang, et au moment où je l'ai vu, j'ai remarqué à quel point il avait l'air soulagé. Assis tranquillement dans son coin, il avait tout du moine libéré. Sa sérénité était revenue, et quand il se pencha pour me caresser, ses yeux irradiaient la paix.

À l'avant de la pièce, les portes coulissantes étaient grandes ouvertes et offraient une vue spectaculaire sur l'Himalaya. Le nouveau balcon s'étendait derrière une banderole aux quatre couleurs — bleu, vert, rouge et or — dont les entrelacs flottaient doucement dans la fin de l'après-midi, prêts à être coupés lors de la cérémonie d'ouverture officielle.

Il y eut un peu d'agitation à l'entrée, puis Serena est arrivée. En regardant tout autour de la pièce, elle repéra Lobsang seul à l'arrière, et elle le rejoignit immédiatement.

— Ça s'est bien passé ? chuchota-t-elle en s'asseyant avant de se pencher pour lui toucher le bras.

Il sourit et hocha la tête. Il semblait trouver difficile de parler.

L'expression de Serena était chaleureuse.

— Vous allez bien, alors ?

— Je n'ai même pas eu besoin de lui demander, a-t-il finalement réussi à dire. Quand je suis allé le voir, il a passé quelques minutes à me dire combien il avait aimé ma contribution à son nouveau livre. Puis il m'a regardé directement et m'a dit : « Tu es encore jeune et tu possèdes beaucoup de talents. Peut-être que ce serait une bonne idée d'essayer quelque chose de nouveau, si tu en as envie. »

— Oh, Lobsang, dit-elle en se tournant pour l'étreindre.

— Je finis dans six semaines, dit-il la bouche tordue par l'émotion. Après ça, je suis libre de voyager.

— As-tu une destination en tête ?

— Sa Sainteté m'a offert une rencontre avec l'abbé d'un monastère en Thaïlande, a-t-il poursuivi les yeux palpitant d'excitation. Je pense que mes aventures pourront commencer là.

J'ai assimilé ce que Lobsang disait avec des sentiments fort mitigés. Il avait toujours été une présence sereine à Jokhang, et j'avais tenu pour acquis qu'il resterait parmi nous. J'étais triste qu'il s'en aille. Mais ces derniers mois, je savais également que quelque chose ne tournait pas rond. En dépit de l'importance de son travail, il avait fait preuve d'impatience et avait eu besoin d'une nouvelle orientation. C'était un autre rappel que le changement est la seule constante.

Quelques instants plus tard, Sam entrait à travers le rideau de perles. Après s'être imprégné du panorama renversant pour la première fois, il regarda autour de la pièce. Serena lui a fait signe de la main et il est venu la rejoindre, suivi quelques instants plus tard de Bronnie.

Puisqu'ils étaient assis près d'elle, Serena en a profité pour les examiner attentivement.

— Je suis heureuse de vous voir ensemble, dit-elle.

— Katmandou a plusieurs attraits, a murmuré Bronnie, mais pas Sam.

— Alors tu restes en Inde ? demanda Serena.

Tandis que Bronnie secouait la tête, Sam prit la parole.

— Un contrat de trois mois. Bronnie sera seule pour les deux premiers mois, puis je la rejoindrai pour le troisième. Nous reviendrons ensuite tous les deux ici.

— Cela m'a l'air d'un bon compromis, dit Serena.

— De cette façon, nous allons tous les deux voir un autre coin de l'Himalaya, a expliqué Bronnie. Même si Sam m'a l'air plus intéressé par la librairie du monastère de Kopan que toute autre chose.

— L'habitude est une seconde nature, fit observer Serena.

— Geek un jour…, dit Sam.

— *Super-Geek*, a corrigé Bronnie en se penchant vers lui pour lui prendre la main.

Ludo est apparu dans le couloir et a fait son entrée jusqu'à l'avant du studio, léonin et souple comme jamais. Vêtu d'une tunique blanche de coton et d'un pantalon de yoga blanc, il était plus chic que d'habitude, mais prêt à diriger ce qui allait être une séance de yoga très douce, une dont l'intention était d'initier de nouveaux venus à certains des fondements de la pratique.

Alors que Ludo était en train d'expliquer *Tadasana* — posture de la montagne — Sid est arrivé inhabituellement en retard. Il repéra Serena au fond de la pièce et se dirigea vers elle. Sans qu'on ait besoin de leur demander, Sam et Bronnie se sont légèrement déplacés, de sorte que lui et Serena puissent s'asseoir ensemble.

Ils étaient tout juste devant moi. Je les ai regardés exécuter une série d'étirements, se balancer sur une jambe avec leurs bras vers le plafond, sans oublier quelques torsions, d'abord vers la droite, puis vers la gauche. À un certain moment, Serena s'est tournée du mauvais côté par erreur, de sorte qu'elle et Sid se sont retrouvés face à face. Au lieu de fixer un point au loin, ils ont rencontré le regard de l'autre et n'ont pas bougé les yeux pendant toute une minute ; un moment d'intimité aussi inattendu qu'indéfectible.

Ludo a ensuite invité la classe à exécuter une série de postures assises. C'est pendant qu'ils étaient tous en position *Balasana*, posture de l'enfant, que deux agents de sécurité ont fait leur apparition. Ils ont vérifié la pièce, puis ont fait un signe de la tête à Ludo, qui a demandé à chacun de s'asseoir.

Tout souriant, il dit :

— Je connais la vraie raison pour laquelle nombre d'entre vous sont ici. Et c'est un grand privilège pour moi, et un véritable plaisir, de convier notre honorable invité, Sa Sainteté, le quatorzième dalaï-lama du Tibet, à inaugurer à nouveau notre studio de yoga.

Un moment suspendu de bonheur a succédé à l'annonce. Pendant que Sa Sainteté apparaissait dans le couloir, chacun a commencé à se lever, en guise de respect, mais il leur fit signe de rester comme ils étaient.

— S'il vous plaît, restez assis, dit-il.

Puis il porta ses paumes à son cœur, et se courba tandis qu'il croisait le regard de chacun dans la pièce.

Quand le dalaï-lama marche à l'avant d'une pièce bondée de personnes, il ne se contente pas de passer devant elles, il en émeut également un bon nombre sur son chemin. Ce soir-là, pendant qu'il se dirigeait vers Ludo, il serra l'épaule d'Ewing et eut un petit rire en regardant Merrilee dans les yeux. Quand Sukie a joint les mains ensemble et s'est courbée, il s'est doucement approché et lui a brièvement tenu les mains. Il fit couler une larme sur sa joue.

Avant que Sa Sainteté ne se rende jusqu'à Ludo, qui se tenait à l'avant, un silence intimidant régnait dans la pièce. Chacun sentait l'énergie qu'il exsudait sans cesse et sans aucun effort. C'était une énergie qui pouvait nous hisser au-delà du sentiment limité que nous avons habituellement de nous-mêmes, qui pouvait nous amener à prendre conscience de notre nature illimitée et de cette vérité immuable et réconfortante selon laquelle tout va bien. S'arrêtant devant les portes ouvertes, le dalaï-lama s'abandonna un instant à la vue spectaculaire.

Les éléments naturels avaient conspiré à présenter un coucher de soleil particulièrement transcendant. Le ciel bleu lapis offrait une toile de fond incomparable aux crêtes scintillantes provisoirement peintes d'or liquide. Aussi immense et immuable que l'Himalaya peut paraître, à cette occasion, il miroitait une vision éthérée qui semblait pouvoir se dissoudre dans l'abîme à tout moment.

Tandis que Sa Sainteté intériorisait ce panorama, son émerveillement se communiquait à tout le monde dans le studio. Pendant quelques instants intemporels, nous étions tous liés, pour ne pas dire sous l'emprise d'un charme. Puis Sa Sainteté se tourna vers Ludo avec un sourire.

Ludo se courba de façon formelle, offrant au dalaï-lama une écharpe blanche comme le veut la tradition. Sa Sainteté a redonné l'écharpe, la plaçant autour des épaules de Ludo, puis elle a pris la main de Ludo dans la sienne.

— Mon bon ami, a-t-il commencé en tapotant leurs mains réunies.

Puis, en regardant vers nous :

— Il y a de nombreuses années, quand je suis venu la première fois à Dharamsala, j'ai entendu parler de cet homme allemand qui voulait enseigner le yoga. *C'est bien*, ai-je pensé. *Les Allemands sont très persévérants !*

Il y eut beaucoup de rires dans la pièce.

— La pleine conscience du corps est une pratique de base. C'est la plus utile. Si nous voulons cultiver la pleine conscience, le yoga peut être très utile. C'est pourquoi je dis toujours à Ludo : « Enseigne davantage le yoga. Cela profitera à toute personne qui vient. »

Les yeux du dalaï-lama ont scintillé derrière ses verres pendant qu'il examinait le groupe.

— Le corps est comme un coffre au trésor. Le trésor qu'il abrite est l'esprit. L'occasion que nous avons de développer notre esprit est très, très précieuse. La plupart des êtres n'ont pas une telle occasion. C'est pourquoi nous devrions prendre grand soin de notre corps et nous occuper de notre santé. Tirer le meilleur de cette vie pour pouvoir en profiter, nous et les autres.

Sa Sainteté fit un geste en direction de Ludo pour lui céder la parole. Après avoir accueilli le dalaï-lama à l'École de yoga du Chien tête en bas, il expliqua que le studio avait été baptisé ainsi non seulement en raison de la posture de yoga qui était maintenant connue dans le monde entier, mais également en raison d'un chien dont il s'était occupé lors de son arrivée à McLeod Ganj. Sa Sainteté affichait une expression contemplative tandis qu'il fixait le portrait d'un Lhassa apso accroché au mur.

Ludo parla du soutien que le dalaï-lama lui avait apporté dès le début. Maintenant, plusieurs décennies plus tard, il ne pourrait pas imaginer la vie sans cette mission spéciale : enseigner le yoga. Le récent incendie et la restauration du balcon avaient été l'occasion de commencer un nouveau chapitre dans l'histoire du studio, dit-il.

Psalmodiant une prière en tibétain, le dalaï-lama bénit le studio et chaque être qui s'y trouvait. Pendant un court instant, l'atmosphère dans la pièce a semblé changer. Tandis que la conscience de Sa Sainteté touchait la nôtre, chacun de nous sentit une sorte de profondeur et de sacralité.

Ludo remit les ciseaux au dalaï-lama et l'invita à couper le ruban qui menait au nouveau balcon. Ce qu'il fit, sous une tonne d'applaudissements et pour le plus grand amusement de tous. Puis Ludo dit :

— J'ai raconté à Sa Sainteté l'histoire du feu et comment les choses auraient pu être bien pires sans l'intervention de notre petite Swami.

Assis devant moi, Sid claironna :
— Elle est ici ce soir.
— L'est-elle ?
Pendant que Sid et Serena se déplaçaient plus loin, tous les yeux furent soudainement sur moi. Le dalaï-lama me regarda directement d'un amour sincère. Puis, jetant un autre coup d'œil à la photo du Lhassa apso accrochée au mur, il se tourna vers Ludo et dit :
— Je suis si heureux qu'elle ait retrouvé son chemin jusqu'à vous.

Plus tard cette nuit-là, pendant qu'il lisait, je suis restée étendue sur la couverture de yak au pied du lit du dalaï-lama. Tandis que je le fixais du regard, je repensai au commentaire qu'il avait fait à Ludo — la photographie sur le mur du studio de yoga —, ainsi qu'à mon rêve. Je me suis également souvenue que Yogi Tarchin m'avait appelée *petite sœur* dès qu'il m'avait vue avec Serena. Et j'ai pensé à quel point je me sentais à l'aise et chez moi en compagnie de Sid et de Serena.

Au cours des sept dernières semaines, j'en étais venue à des prises de conscience au sujet du bonheur qui avaient changé ma vie. Mais j'avais également découvert quelque chose d'autre, quelque chose d'aussi profond et réconfortant que complètement inattendu. J'avais découvert la profondeur du lien que je partageais avec les personnes les plus près de moi, un lien qui allait bien au-delà de mon imagination. J'avais partagé des vies entières avec elles, quoique la mémoire de celles-ci ne m'était pas toujours accessible.

Le dalaï-lama a posé ses yeux sur moi avec un sourire. Fermant son livre, il a enlevé ses lunettes et les a placées soigneusement sur la table de chevet. Puis il s'est penché pour me caresser le visage.

— Oui, ma petite lionne des neiges, ce n'est pas une coïncidence si tu es ici avec moi. Nous avons créé les causes qui ont fait que nous sommes ensemble aujourd'hui. Pour ma part, je suis très, très heureux qu'il en soit ainsi.

Pour ma part aussi, ai-je pensé en ronronnant de façon élogieuse.

Sa Sainteté a éteint la lumière.

MARQUE-PAGE

Séances audio, vidéos explicatives, interviews, liens... Nos livres s'animent désormais grâce à des contenus digitaux exclusifs ! Il vous suffit d'ouvrir l'application pour scanner la page du livre, et vous découvrirez alors des contenus originaux pour aller encore plus loin dans la lecture de nos livres.

Comment ça marche ?

Marque-Page vous permet de flasher les livres des éditions Leduc.s.
- Téléchargez l'application et ouvrez-la
- Flashez la page de titre où apparaît le logo « Marque-page »
- Découvrez des contenus exclusifs directement sur votre smartphone ou votre tablette !

Télécharger dans App Store

Disponible sur Google play

Ce livre vous a plu ?

Téléchargez gratuitement les premiers chapitres des tomes 1 et 3 via notre application Marque-Page ou en vous rendant sur les pages suivantes.

Le Chat du dalaï-lama (tome 1)
http://blog.editionsleduc.com/lcddltome1.html

Le Chat du dalaï-lama et l'art du miaou (tome 3 à paraître)
http://blog.editionsleduc.com/lcddltome3.html

Achevé d'imprimer en décembre 2017
sur les presses de la Nouvelle Imprimerie Laballery - 58500 Clamecy
Dépôt légal : janvier 2018 - N° d'impression : 710434

Imprimé en France

La Nouvelle Imprimerie Laballery est titulaire de la marque Imprim'Vert®